La contractualisation de l'action publique locale

Le GRALE (Groupement de Recherche sur l'Administration Locale en Europe) est un groupement d'intérêt scientifique (GIS) fondé sur un contrat de quatre ans renouvelable associant plusieurs institutions ou entreprises : les universités Paris-I - Panthéon-Sorbonne, Reims-Champagne-Ardenne – CRDT, et Lille-II - Droit et Santé – CERAPS, l'Institut d'études politiques d'Aix-en-Provence, Électricité de France, le Centre national de la fonction publique territoriale, la Mutuelle nationale territoriale et d'autres institutions ou entreprises, en fonction des projets.

Le GRALE, qui réunit une quarantaine de centres de recherches et institutions scientifiques nationales et internationales, a pour mission de promouvoir des recherches sur les collectivités locales, l'action publique territorialisée et des problèmes juridiques qui s'y rapportent. Il trouve sa raison d'être dans le réseau dense et diversifié des équipes de recherche ou associations scientifiques des diverses disciplines qu'il contribue à entretenir et à stabiliser. Ce réseau forme la base de l'Observatoire national de la décentralisation mis en place par le GRALE en 2004 en partenariat avec le ministère de l'Intérieur, et qui continue son activité de manière indépendante.

Le GRALE est également au centre d'un réseau international associant des chercheurs de plus de trente pays.

Contacts :
Université Paris-I – 9 rue Malher – 75181 PARIS CEDEX 04
Tél. : 01 44 78 33 44 ; Mel : grale@univ-paris1.fr, site : http://grale.univ-paris1.fr

Nicolas Kada, Directeur des publications du GRALE

Maud Lesueur, Chargée des publications

Dernières parutions

– J.-L. Pissaloux (dir.), Des contentieux de l'action publique locale, 2017.
– J.-L. Pissaloux et A. Rainaud (dir.), *Les trente ans de la loi littoral*, 2017.
– Guillaume Gourgues et Matthieu Houser (dir.), *Austérité et rigueur dans les finances locales*, 2017.
– Sébastien Bédé et Jacques Spindler (dir.), *Les contrats de destination*, un outil d'attractivité et de valorisation des territoires, 2017.
– Pierre-Yves Chicot (dir.), *Mutation des communes. Quelle intercommunalité de projets ? Pour quel développement des territoires locaux ?*, 2016.
– Marie-Christine Steckel-Assouère (dir.), *La recomposition territoriale : La décentralisation entre enjeux et obstacles*, 2016.

Sous la direction de
Roselyne Allemand et Nadine Dantonel-Cor

La contractualisation de l'action publique locale

Des collectivités territoriales libres ou sous contrainte ?

L'Harmattan

Parutions des auteurs aux Éditions L'Harmattan

ALLEMAND Roselyne (dir.), *Les effets du droit de l'Union européenne sur les collectivités territoriales,* 2011.

ALLEMAND Roselyne, *La gestion durable des ressources en eau en milieu agricole,* 2010.

ALLEMAND Roselyne et SOLIS-POTVIN Laurence (dir.), *Égalité et non-discrimination dans l'accès aux services publics et politiques publiques territoriales,* 2008.

ALLEMAND Roselyne et GRY Yves (dir.), *Le transfert des personnels TOS de l'Éducation Nationale,* 2007.

DANTONEL-COR Nadine (dir.), *Les politiques publiques locales de sécurité intérieure,* 2015.

DUPÉRON Olivier (dir.), *Les services publics locaux et la concurrence,* 2011.

RABAULT Hugues et TIFINE Pierre (dir.), *Responsabilité pénale et activité des collectivités territoriales,* 2011.

5-7, rue de l'Ecole-Polytechnique, 75005 Paris

http://www.editions-harmattan.fr

ISBN : 978-2-343-14596-9
EAN : 9782343145969

Sommaire

Partie III

CONTRACTUALISATION EXTÉRIEURE DES COLLECTIVITÉS TERRITORIALES ET ASPECTS COMPARATIFS

Partie IV

ASPECTS MATÉRIELS DE LA CONTRACTUALISATION PUBLIQUE LOCALE

Auteurs

ALLEMAND Roselyne	Professeur de droit public, Université de Reims Champagne-Ardenne, CRDT (EA 3312)
AUBEL Sabine	Doctorante en droit public, Université de Lorraine, IRENEE (EA 7303)
DANTONEL-COR Nadine	Maître de conférences HDR de droit public, Université de Lorraine, IRENEE (EA 7303). Membre du Conseil scientifique du GRALE
DEGBOE Dario	Docteur en droit public
DUPERON Olivier	Maître de conférences HDR de droit public, Université de Reims Champagne-Ardenne, Directeur adjoint du CRDT (EA 3312)
GERMAIN Jérôme	Maître de conférences HDR de droit public, Université de Lorraine, IRENEE (EA 7303)
MAINNEVRET Romain	Docteur en droit public, Université de Reims Champagne-Ardenne
PONTIER Jean-Marie	Professeur émérite de droit public, Université d'Aix-Marseille
PUGEAULT Serge	Professeur de droit public, Université de Reims Champagne-Ardenne, Directeur du CRDT – Centre de recherche Droit et Territoire (EA 3312)
TIFINE Pierre	Professeur de droit public, Université de Lorraine, Directeur adjoint de l'IRENEE (EA 7303)
WAKOTE Reine	Maître de conférences de droit public, Université de Lorraine, IRENEE (EA 7303)

Mise en pages : Maud Lesueur, GRALE.

Remerciements

Ces actes sont tirés du colloque qui s'est déroulé le 5 octobre 2017 à l'UFR Droit, Économie et Administration de l'université de Lorraine sur le thème suivant : « La contractualisation de l'action publique locale : des collectivités territoriales libres ou sous contrainte ? »

Ce colloque a permis de réunir plusieurs centres de recherches du Grand Est : d'une part, l'Institut de Recherches sur l'Évolution de la Nation et de l'État (IRENEE), de l'université de Lorraine, représenté par le professeur Stéphane Pierre-Caps, Directeur, et par M. Pierre Tifine, Directeur adjoint ; d'autre part, le Centre de Recherches Droit et Territoires (CRDT), de l'université de Reims Champagne-Ardenne, dirigé par le professeur Serge Pugeault.

Les organisatrices remercient chaleureusement ces différents partenaires pour leur fructueuse collaboration et pour les débats riches en idées et propositions qui se sont déroulés tout au long de cette journée. Elles remercient également le Groupement de recherches sur l'administration locale en Europe (GRALE, CNRS), de l'université Paris-I, pour son soutien.

Elles souhaitent également manifester leur reconnaissance à tout le personnel administratif de l'IRENEE qui s'est particulièrement investi dans cette manifestation, notamment Mmes Ludivine Starck, Responsable administrative, Marjorie De Bortoli, Chargée de communication et d'édition, Hélène Viriot.

Mmes Roselyne Allemand et Nadine Dantonel-Cor remercient tout particulièrement Mme Maud Lesueur, Responsable des publications du GRALE, pour sa compétence, son dynamisme, ses conseils et sa disponibilité, afin que cette publication puisse voir le jour dans les meilleures conditions.

La réussite de ce colloque tient beaucoup à la qualité des contributions des auteurs que les nombreux étudiants et les responsables administratifs des collectivités publiques ont tout particulièrement appréciées.

Enfin, les responsables de l'organisation de ce colloque ne voudraient pas terminer ces remerciements sans avoir une pensée pour le professeur Gérard Marcou, qui nous a quittés il y a plus d'un an et pour lequel elles ont une réelle reconnaissance.

Roselyne ALLEMAND
Professeur à l'université de Reims Champagne-Ardenne
Nadine DANTONEL-COR
Maître de conférences à l'université de Lorraine

PROPOS INTRODUCTIFS

par

Nadine DANTONEL-COR

Maître de conférences HDR de droit public
Université de Lorraine, IRENEE (EA 7303)
Membre du Conseil scientifique du GRALE

La thématique du colloque sur « La contractualisation de l'action publique locale : des collectivités territoriales libres ou sous contrainte ? » invite à réfléchir sur les évolutions des compétences des collectivités territoriales à la lumière des évolutions normatives de ces dernières années, et plus précisément sur l'accentuation de la contractualisation de l'action publique locale, particulièrement visible dans la loi n° 2015-991 du 7 août 2015 portant nouvelle organisation territoriale de la République.

Ce colloque s'inscrit dans la continuité de celui organisé par Mme Reine Wakote sur la thématique des nouvelles compétences régionales, qui s'était tenu en septembre 2016 dans les locaux du conseil régional de Lorraine, puisque la région Grand-Est, qui résulte de la fusion de trois anciennes régions, la Lorraine, l'Alsace et la Champagne-Ardenne, venait de voir le jour le 1er janvier 2016.

La recherche d'aujourd'hui s'inscrit dans une perspective plus générale de réflexion sur l'État contractant, et plus précisément sur les mutations matérielles territoriales, qui s'inscrivent notamment dans le contexte législatif à rebondissements qui a suscité de nombreux débats portant sur la clause de compétence générale.

Pendant très longtemps, en dehors des compétences déterminées par le législateur, la clause de compétence générale permettait aux collectivités territoriales d'intervenir dans la sphère locale et de mettre en œuvre telle ou telle compétence, à partir du moment où il existait un intérêt local et où le législateur n'avait pas attribué de compétence exclusive à une autre collectivité territoriale. Cette clause laissait une petite marge de manœuvre aux collectivités territoriales, bien qu'elle ne soit pas consubstantielle au principe de libre administration, comme l'a fait remarquer le Conseil constitutionnel dans sa décision QPC du 16 septembre 2016, *Assemblée des départements de France*. L'essentiel est qu'une collectivité territoriale soit dotée d'attributions effectives, qu'il est « loisible au législateur d'énumérer limitativement ».

Néanmoins, pendant très longtemps, la doctrine la plus autorisée s'est posé un grand nombre d'interrogations sur l'utilité de cette clause et sur ses incidences sur le pouvoir local, ce qui a conduit le législateur à hésiter sur l'opportunité de la conserver. Les lois n° 2014-58 du 27 janvier 2014 de modernisation de l'action publique et d'affirmation des métropoles (MAPAM) et n° 2015-991 du 7 août 2015 portant nouvelle organisation territoriale de la République (dite loi NOTRe) attestent justement de l'indétermination législative quant à la dévolution des compétences locales.

Depuis la loi NOTRe du 7 août 2015, les collectivités territoriales ne sont pas toutes situées sur un même pied d'égalité au regard de la possession de la clause de compétence générale. Les communes continuent de bénéficier de cette clause en raison du fait que ce sont des collectivités de proximité, proches des citoyens, et en tant que telles, elles doivent pouvoir réagir rapidement, en urgence et s'adapter à toutes les situations.

En revanche, les régions et les départements se sont vu supprimer la possibilité de conserver l'usage de la clause, si bien que ces collectivités territoriales sont désormais couvertes par le principe de spécialité fonctionnelle, qui caractérise juridiquement les établissements publics de coopération intercommunale. Il existe donc de ce fait une différenciation entre les collectivités territoriales et cette catégorie juridique n'est plus homogène, au grand désespoir de certains juristes.

Il faut toutefois relever que les compétences des collectivités territoriales et des intercommunalités ont commencé à évoluer avec la loi n° 2010-1563 du 16 décembre 2010 de réforme des collectivités territoriales, les législations suivantes se sont inscrites dans la continuité en renforçant, adaptant ou modifiant les attributions en faveur ou en défaveur des collectivités. Il importe d'ailleurs de souligner que les dispositions législatives concernant les compétences des collectivités territoriales sont de plus en plus détaillées, avec une possibilité d'adaptation des normes en fonction de la particularité des territoires. On assiste ainsi à la progression du droit souple dans la mise en œuvre des compétences locales, pour reprendre l'expression du Conseil d'État dans son rapport de 2013 (le rapport évoquait, entre autres, l'utilisation croissante du droit souple par les acteurs publics). Ce droit souple territorial se concrétise par la mise en œuvre de nombreux schémas – une nébuleuse de schémas plus ou moins prescriptifs – et par un conventionnement renforcé dans la plupart des domaines de compétences décentralisées.

Justement, la contractualisation supplante l'acte administratif unilatéral dans l'ensemble de la sphère publique, et l'action publique territoriale décentralisée n'échappe pas à cet engouement. Le renforcement de la contractualisation entre personnes publiques semble devenir le procédé de droit commun dans la mise en œuvre de l'action publique décentralisée et s'inscrire dans le mouvement de la prise en compte accentuée de la différenciation territoriale. Le législateur met à la disposition des collectivités territoriales un certain nombre de moyens qui leur permettent de prendre en compte tant les particularités institutionnelles locales (possibilité de fusion entre collectivités territoriales, facilitation de la création de collectivités à statut particulier, etc.) que la spécificité matérielle territoriale qui fait l'objet de cette recherche collective.

Ce renforcement de la contractualisation de l'action publique locale n'est pas sans incidences sur le principe de libre administration des collectivités territoriales. Il faut alors se demander si les collectivités territoriales sont réellement libres dans la mise en œuvre de cette contractualisation ou si elles ne sont pas plutôt sous contrainte ? Le peu de succès des délégations de compétences qui impliquent la mise en place d'un cadre juridique souvent contraignant n'est-il pas lié à la crainte de voir apparaître une tutelle d'une collectivité sur une autre ? Le rapport rendu par l'Inspection générale de l'administration en mai 2017 sur « les nouveaux outils au service de la coopération territoriale » fait état de ces diverses interrogations et constate les difficultés de mise en œuvre concrète de ces nouvelles relations contractuelles.

Dans le cadre de cette recherche, les rapports contractuels entre les collectivités territoriales elles-mêmes, mais aussi entre l'État et les collectivités territoriales, sont également étudiés afin de mettre l'accent sur les différences ou sur les convergences d'intérêts dans l'effectivité de l'action locale. Quel est le rôle de l'État dans la mise en œuvre de cette contractualisation ? On se souvient des nombreux débats au sujet des contrats de plan État-Régions, le partenariat déséquilibré étant souvent mis en avant dans l'élaboration de ces documents. Qu'en est-il aujourd'hui ? Le constat d'hier a-t-il changé ?

La contractualisation a-t-elle toujours la même nature ou la présence de telle ou telle personne publique façonne-t-elle une nouvelle forme de contractualisation ? Note-t-on une différenciation dans le contenu des conventions selon que l'État est ou non présent dans le processus contractuel ? Le professeur Pontier, dans son article sur « Le partenariat entre l'État et les collectivités territoriales », considérait en 2014 que la coopération entre l'État et les collectivités territoriales constituait « la voie royale ». Quelle est aujourd'hui l'effectivité du partenariat entre l'État et les collectivités territoriales au travers de la contractualisation ? Et peut-on encore parler de partenariat ? Certaines dispositions de la loi NOTRe du 7 août

2015 laissent planer le doute... Quel est le rôle de l'administration déconcentrée et notamment du préfet dans cette démarche de co-construction de l'action publique ?

De plus, cette contractualisation est loin d'être uniforme et présente de multiples facettes, qu'elle soit d'ailleurs facultative ou obligatoire. Les contrats entre les territoires favorisent une « alliance des territoires », mais cette « alliance » est-elle durable et efficace ? Ne va-t-elle pas à l'encontre de la volonté politique de renforcement du couple régions-intercommunalités ? N'entraîne-t-elle pas une lenteur dans la prise de décision et n'est-elle pas synonyme d'un renforcement de la complexité et d'une augmentation des coûts ?

Et quel est le véritable fil conducteur de cet engouement de la contractualisation territoriale ? Le premier qui vient à l'esprit est la volonté d'encourager le partenariat et la prise de décisions concertées afin de satisfaire l'ensemble des acteurs publics. Mais au-delà de l'idéalisme et de l'optimisme qui incite à réunir tous les acteurs autour d'une même table, la contractualisation se met-elle en place avec facilité et existe-t-il une réelle convergence des intérêts publics, tant nationaux que locaux ? La confrontation des intérêts, telle qu'elle est prévue par les textes, ne peut-elle pas aboutir à la prise de décisions timides et pour le moins prudentes ? S'agit-il d'une coexistence pacifique ou d'une véritable coopération ?

Les discussions et les débats que la contractualisation suscite, par exemple dans les séances de la conférence régionale de l'action publique, ne conduisent-elles pas indirectement à favoriser une certaine tutelle d'une collectivité territoriale, et plus spécialement de la région, sur une autre ? Quelles sont exactement les fonctions des chefs de filâts qui jouent un rôle prépondérant dans le domaine des compétences partagées ?

Dans ce schéma territorial très dense, il importe également de s'interroger sur la valeur juridique de la contractualisation. Peut-on affirmer qu'il existe une autonomie de la contractualisation des compétences locales ou au contraire, que la contractualisation n'est qu'un simple procédé de mise en œuvre de documents stratégiques initialement approuvés ?

Enfin et surtout, peut-on encore parler de « contractualisation » ? Le terme de contractualisation est très large et la recherche en cours ne concerne pas les contrats de droit commun, sources de droits et d'obligations, conclus entre différentes catégories de personnes publiques ou entre des personnes publiques et personnes privées. Ce qui nous intéresse plus spécialement, ce sont les modalités de la coopération conventionnelle entre les personnes publiques pour la mise en œuvre des politiques publiques. Et de ce fait, le terme de « conventionnalisation », par essence plus souple, ne convient-il pas mieux que le terme plus juridique de contractualisation ?

Notre thématique de recherche s'inscrit parfaitement dans les interrogations actuelles sur les évolutions de la coopération territoriale. Elle est au cœur des préoccupations des responsables nationaux et locaux, mais aussi des chercheurs-universitaires ainsi que des citoyens et des usagers qui ont besoin de mieux comprendre le fonctionnement des administrations. En guise de conclusion à ces propos introductifs, je vais me permettre de citer deux phrases tirées du rapport de l'Inspection générale de l'administration, précité : « Il est plus simple de gouverner seul, mais il est plus efficace de gouverner collectivement. » « Le développement des territoires ne doit pas privilégier la contrainte, mais l'*affectio societatis* des acteurs locaux, librement consenti, dans un cadre conventionnel souple et adaptable. » La coopération conventionnelle territoriale a donc de beaux jours devant elle…

Partie I

FONDEMENTS ET OBJECTIFS DU RENFORCEMENT DE LA CONTRACTUALISATION PUBLIQUE

PRÉSENTATION GÉNÉRALE DE LA CONTRACTUALISATION DE L'ACTION PUBLIQUE LOCALE

par

Jean-Marie PONTIER

Professeur émérite de droit public
Université d'Aix-Marseille

Ce n'est pas de l'impressionnisme, parce que dans l'impressionnisme on y voit très bien pour peu que l'on prenne le recul qui convient. Nous sommes plutôt dans le clair-obscur, avec les interrogations multiples qui viennent à l'esprit, un peu comme lorsque l'on regarde *La Ronde de nuit*. Que voit-on ? Et ce que l'on voit, ou ce que l'on croit voir, est-il bien ce qui est ? C'est ce type d'interrogation auquel conduit une réflexion sur la contractualisation de l'action locale.

Mais avant de poursuivre, il convient de faire une rapide mise au point concernant l'intitulé du sujet, qui ne va pas de soi. Cet intitulé comporte deux termes, celui de contractualisation et celui de conventionnement. D'où la question que cela suscite immédiatement : s'agit-il de deux procédés différents, distincts ? Certes, pour aller en ce sens, on pourrait relever que les deux termes existent bien, qu'ils sont utilisés en droit. Ainsi, en droit international public, les États et plus généralement les sujets du droit international peuvent conclure entre eux des traités, ces derniers doivent être conformes à la convention de Vienne sur le droit des traités. En droit des assurances, si les particuliers concluent des contrats d'assurance, les professionnels se réfèrent à une convention-cadre à laquelle ces contrats doivent être conformes.

Cependant, en droit public interne, cette distinction entre contractualisation et conventionnement ne peut être retenue. Premièrement, les appellations varient au fil du temps, ce qui est qualifié de contrat peut ensuite être qualifié de convention, ou inversement[1]. Deuxièmement, les textes officiels parlent indifféremment de contrat ou de convention, sans que l'on puisse trouver un quelconque critère rationnel de distinction entre l'un et l'autre terme[2]. Ce n'est sans doute pas une preuve suffisante, les autorités publiques ne manifestant pas une grande rigueur dans l'usage des termes. Troisièmement, le juge administratif ne fait pas plus la différence ; quant à la doctrine, elle s'est épuisée en vain à chercher, sans le trouver, un critère acceptable à défaut d'être satisfaisant, entre les deux. Nous allons donc considérer, dans cet exposé, que les deux termes sont assimilables, qu'il est possible de parler indifféremment de contractualisation ou de conventionnement.

Un autre problème préalable à régler est le suivant. Qu'est-ce que l'action publique locale ? L'expression ne ressort pas véritablement du droit, elle relève plutôt de la science administrative ou de la science politique, sans compter le champ politique[3]. Mais là n'est pas la vraie question, qui est plutôt de savoir à quels auteurs de l'action fait référence l'expression. Qui sont les auteurs de cette action publique locale ?

1. Naturellement c'est toujours avec quelques modifications du régime juridique applicable, mais sans que la « philosophie » change.
2. Plusieurs ministères parlent de « conventions territoriales », formule qui recouvre une pluralité de dispositifs de type contractuel, avec des dénominations très variables, contrats, mais également charte, pacte, etc. (voir *infra*).
3. La loi 2014-58 du 27 janvier 2014 est qualifiée de loi relative à la modernisation de l'action publique territoriale et d'affirmation des métropoles.

Une première réponse s'impose, à savoir qu'il s'agit des collectivités territoriales. Le local renvoie d'abord à cette idée de collectivités que, pendant longtemps, mais encore aujourd'hui, on qualifie de « locales ». L'action publique locale est d'abord le fait des collectivités territoriales[4]. Mais il n'est pas possible de s'en tenir à ces dernières, il faut prendre en compte également l'action locale des services de l'État, et cela pour deux raisons. D'une part, l'État dispose à l'échelon local de services chargés de mener une action. D'autre part, l'intervention locale ou à l'échelon local de l'État se fait de plus en plus en coopération avec les collectivités territoriales. C'est ce qui explique et justifie ce que l'on appelle contractualisation.

Demeure ou se pose alors la question de fond, celle à laquelle il convient de répondre par cet exposé : quelle est cette action publique locale, comment se manifeste-t-elle et, plus encore, quel est son sens ? L'utilisation du terme contractualisation suggère déjà – mais il en serait de même avec le terme conventionnement – que des changements se sont produits. Mais, quel est le sens de ces changements ? La réponse tient en deux affirmations, qui seront le fil conducteur de cet exposé : d'une part, l'action publique locale a été renouvelée par la contractualisation ; d'autre part, dans le même temps, cette action publique locale est conditionnée par la contractualisation.

I. Une action publique locale renouvelée par la contractualisation

Il faut d'abord rendre compte de ce terme de contractualisation : d'où vient-il ? Et une rapide recherche démontre ce que l'on pouvait pressentir, à savoir que l'utilisation de ce terme est récente. Mais, et c'est un autre aspect à prendre en considération, le succès de la contractualisation est tout aussi patent, ce qui amène à s'interroger sur sa signification.

4. Sur la notion de « local », voir J.-M. PONTIER, « Qu'est-ce que le "local" ? », *AJDA* 2017, p. 1093-1101.

A. L'avènement de la contractualisation

Pourquoi parler d'avènement ? Parce qu'il fut un temps, que l'on peut qualifier du temps de l'unilatéralité, où la contractualisation n'existait pas et à ce temps en a succédé un autre, que l'on peut qualifier de temps de la plurilatéralité.

1. Le temps de l'unilatéralité

Le temps de l'unilatéralité désigne cette période, qui, en gros, va de la fin du XIXe siècle, avec le vote des lois de 1871 et 1884, jusqu'à la Ve République, durant laquelle des changements décisifs vont s'opérer. Cette unilatéralité est double, si l'on peut dire : elle est d'abord, principalement, celle de l'État, elle est ensuite, secondairement, celle des collectivités, alors appelées locales[5].

a. L'unilatéralité de l'action de l'État

À compter de la Révolution ou de l'Empire – le choix de l'une ou de l'autre ne change pas le raisonnement –, la principale personne publique en France est représentée par l'État. Trois aspects soulignent cette importance, ce qui n'exclut pas la participation locale, mais sous une forme particulière.

En premier lieu, après les soubresauts révolutionnaires qui représentent une fracture majeure dans l'histoire de France au point de continuer, selon certains observateurs, à produire encore des effets aujourd'hui, la France est réorganisée autour de son État. Le passé y a contribué. Si, en effet, les collectivités locales connaissent un remarquable développement entre le XIIe et le XIIIe siècle, au point

5. Il faut ajouter, d'une part, que le Conseil constitutionnel n'avait pas retenu de distinction entre les deux formules, d'autre part, que si, constitutionnellement il n'existe plus que la formule « collectivités territoriales », dans certaines lois (à plus forte raison dans des textes tels que les circulaires, même récentes) et dans le CGCT lui-même la formule « collectivité locale » subsiste.

que certains auteurs ont pu parler de « l'âge d'or » des communes[6], très rapidement, par la suite, l'État va intervenir par la voie de ses représentants, notamment en raison des difficultés financières et des problèmes de gestion rencontrés par ces collectivités (qui ne s'appelaient évidemment pas encore collectivités locales). L'intervention de l'État n'a pas cessé de s'accentuer par la suite, et il est inutile de rappeler que depuis longtemps Tocqueville a fait la démonstration selon laquelle la centralisation n'avait pas commencé à la Révolution[7].

À cela, il faut ajouter une particularité française, qui a également joué en faveur de l'État, le fait que notre pays est l'un des premiers, peut-être le premier, dans lequel est né l'État moderne. Les épisodes de cette affirmation de l'État sont connus, notamment la prise d'indépendance des rois par rapport au pape. Quoi qu'il en soit, au moment de la Révolution, l'État et la nation se conjuguent, avec la formation de l'État nation, alors que partout ailleurs en Europe, cette rencontre ou cette fusion ne va s'opérer qu'au XIXe siècle.

En second lieu, la France présente encore une autre particularité, liée en partie à cette affirmation ancienne de l'État, celle d'avoir un droit administratif. Ce droit administratif présente une double caractéristique : il est le premier en Europe à connaître un tel développement; partout ailleurs, le droit administratif se constituera avec beaucoup plus de retard, et avec une moindre emprise, et le droit administratif allemand, dont un certain nombre de pays d'Extrême-Orient se sont inspirés, est d'abord un droit importé de France[8].

Plus encore, ce droit administratif est, historiquement, un droit de l'État, c'est-à-dire conçu par une institution d'État et au service de l'État. Le Conseil d'État va pouvoir développer le droit administratif parce qu'il est composé d'hommes de confiance, compétents

6. Voir en ce sens l'ouvrage classique de Ch. PETIT-DUTAILLIS, *Les communes françaises. Caractéristiques et développement des origines au XVIIIe siècle*, A. Michel, 1947.

7. Voir A. DE TOCQUEVILLE, *L'Ancien Régime et la Révolution*, Folio Gallimard.

8. Voir J.-M. PONTIER, « Qu'est-ce que le droit administratif? », *AJDA* 2006, p. 1937.

de surcroît, nommés par l'empereur, auxquels ce dernier va laisser, pour ces raisons, une grande latitude. Ce droit est un droit au service de l'État, il est destiné à permettre à l'État d'agir, les collectivités locales se ramènent à la commune, une commune placée sous la subordination du préfet (le département étant principalement un cadre d'action pour l'État).

b. Une action locale limitée et strictement encadrée

Les collectivités locales sont durant tout le XIXe siècle caractérisées par une grande faiblesse, notamment une limitation de l'autonomie, ce qui n'empêche pas le pouvoir central de les solliciter.

Les départements sont surtout des échelons de redistribution de l'État. Ils sont sous la coupe du préfet, qui en est l'exécutif. S'ils disposent de la personnalité juridique, ils n'agissent pas vraiment par eux-mêmes, car ils ne disposent pas des moyens financiers suffisants, et quand bien même ils les auraient eus, leur action est en fait celle de l'État à l'échelon local. Ils ne possèdent pas de volonté propre. Sous couvert de l'intervention d'une collectivité locale, c'est en fait une intervention de l'État, dont les départements sont un instrument[9].

Les communes possèdent une véritable personnalité et une réelle identité. Il est même possible d'affirmer, comme le feront les libéraux au début du XIXe siècle, que les communes sont antérieures à l'État, que ce dernier ne peut que les reconnaître. Mais derrière les revendications et l'affirmation de la dignité des communes, la réalité est celle de collectivités qui, pour la plupart, n'ont guère les moyens d'avoir une politique propre. Le nombre élevé de communes, mais surtout de petites communes, facilite l'immixtion de l'État dans les affaires locales. Les communes interviennent de manière unilatérale, elles s'associent rarement, et lorsqu'elles font preuve d'initiatives dans le domaine économique, autour du début du XXe siècle, le plus

9. Il suffit de relire, de ce point de vue, l'article 2 de la célèbre et défunte loi du 28 pluviôse de l'an VIII (17 février 1800).

souvent sous la pression des nécessités, elles se font rappeler à l'ordre par l'État, le juge administratif sanctionnant ces incursions dans un domaine dont il estime qu'il est réservé à l'initiative privée[10].

Cela n'empêche pas l'État de solliciter les collectivités locales lorsqu'il éprouve des difficultés financières, ce qui va se produire de manière récurrente. Mais nous sommes toujours dans l'unilatéralité, car les participations financières des collectivités locales à des actions de l'État ne sont pas des participations négociées : ce sont des participations imposées, soit directement par les textes, soit indirectement et de manière hypocrite par le biais de fonds de concours dont le caractère volontaire n'est qu'apparent[11].

2. Le temps de la multilatéralité

La contractualisation implique un certain consensualisme : des personnes – publiques en l'espèce – se mettent d'accord sur une action, s'engagent en commun pour la réaliser. Mais il convient de distinguer deux cas de figure, dont un seul correspond véritablement à ce qu'est la contractualisation.

a. La fausse réciprocité entre l'État et ses composantes locales

L'État dispose sur tout le territoire de services qualifiés autrefois d'extérieurs, aujourd'hui, et de manière plus conforme à notre système administratif, de déconcentrés. Les autorités centrales disposent sur ces services de l'autorité hiérarchique, avec, entre autres, la possibilité de donner des ordres, que doivent évidemment suivre les intéressés. Donc, *a priori*, le système contractuel n'a pas sa place ; il est même proscrit, puisqu'il suppose que les fonctionnaires subordonnés pourraient discuter des mesures qui leur sont applicables avec

10. Il s'agit de la jurisprudence, très abondante au début du XXe siècle, sur le principe dit de la liberté du commerce et de l'industrie, seul le domaine de l'hygiène publique ayant été exempté de la nécessité de son respect.

11. Ces transferts de charges inaugurés par l'Empire vont se maintenir durant tout le XIXe siècle et durant une bonne partie du XXe siècle. Selon les élus locaux, de nouveaux transferts de charge auraient lieu, de manière moins voyante qu'auparavant.

leur supérieur. Au surplus, ces services n'ont pas, le plus souvent, de personnalité juridique leur permettant d'être une partie engagée dans une relation de type contractuel. Dans le système hiérarchique et pyramidal dont nous avons hérité de Napoléon – d'autres systèmes existent dans le monde, mais n'ont pas été expérimentés en France –, toute relation contractuelle est à écarter.

Il en est de même dans les services un peu particuliers que sont par exemple l'Éducation nationale et la justice. Dans la première, le recteur est le représentant de l'État en lieu et place du préfet, mais nous sommes dans le même système hiérarchique qui exclut une relation contractuelle entre le centre et la périphérie. La justice est un domaine très différent, et il faut différencier le juge administratif du juge judiciaire et au sein de ce dernier, le juge civil ou commercial du juge pénal, mais dans tous les cas et pour des raisons différentes de la situation précédente – ici notamment l'indépendance de la magistrature –, on imagine mal que des contrats puissent être passés entre les autorités centrales et ces services à l'échelon local.

Et cependant, l'idée d'engagements réciproques entre de tels services et les autorités centrales de l'État a progressivement fait son chemin. Les raisons profondes d'un tel changement d'attitude sont de nature financière et de gestion. Depuis plusieurs décennies, des efforts sont faits pour améliorer l'efficacité des services administratifs, pour augmenter leur « productivité » – un mot qui aurait été inacceptable il y a quelques années. À ces préoccupations, s'est ajoutée la nécessité pour l'État de faire des économies du fait d'un « train de vie » trop élevé. Dans ces conditions, il est apparu possible de demander des efforts supplémentaires à des services en échange soit de primes, soit d'autres avantages, financiers ou autres. Et cela vaut aussi bien pour la justice que pour les services déconcentrés.

Que sont ces relations de type plus ou moins contractuel, mais qui ne peuvent effacer le pouvoir hiérarchique ? Un auteur a parlé de « convention d'administration » pour les qualifier[12]. Ces conventions produisent bien des effets juridiques, mais on ne saurait les considérer en aucune manière comme des contrats, on se trouve très loin de cette notion, il n'existe pas de consensualisme, les accords sont passés avec le service, qui prend certains engagements, mais pas avec les fonctionnaires. C'est pourquoi il est parlé ici de fausse réciprocité.

b. La relative réciprocité entre l'État et les collectivités territoriales

Les rapports entre l'État et les collectivités territoriales ne peuvent pas être envisagés sous le même angle que les relations entre l'État et ses services, et cela pour une raison simple : les collectivités territoriales sont des personnes morales qui sont des personnes publiques. Ce point est capital : seule la personnalité juridique permet d'envisager la possibilité d'établir de véritables liens contractuels entre personnes[13]. Certes, aujourd'hui, tout un mouvement tend à relativiser la notion de personnalité juridique dans le cadre de relations contractuelles, et fait valoir que des contrats peuvent être passés par des entités n'ayant pas la personnalité juridique. Il est possible d'en discuter longuement, mais ce n'est pas ici le propos.

Cependant, en ce qui concerne les collectivités territoriales, ou locales, une chose est sûre : la décentralisation n'a pu se développer qu'à partir du moment où la personnalité morale a été reconnue à ces collectivités. La personnalité juridique est la première condition de la décentralisation[14]. Preuve en est que les tentatives pour faire de l'arrondissement une collectivité locale n'ont jamais abouti, parce que

12. S. HOURSON, *Les conventions d'administration*, LGDJ, 2014.

13. La notion de personnalité morale est un peu passée de mode en France, mais dans certains pays, les débats sur cette notion se poursuivent.

14. Cette notion de personnalité juridique trouve ses origines dans la notion d'*universitas*, inventée au Moyen Âge. Voir sur ce point J.-L. MESTRE, *Introduction historique au droit administratif français*, PUF, 1985.

l'arrondissement n'a jamais reçu cette personnalité morale, les partisans de cette solution n'ayant pas compris, à l'époque, l'importance de cette caractéristique pour l'établissement de la décentralisation.

Une question peut légitimement être posée : s'il en est ainsi, pourquoi n'a-t-on pas parlé auparavant de contractualisation, pourquoi celle-ci ne s'est-elle développée qu'à notre époque ? Une partie de la réponse tient aux transformations des relations entre l'État et les collectivités locales, c'est-à-dire à la tutelle : jusqu'à une époque récente, les collectivités locales se sont trouvées sous la tutelle de l'État. Cette tutelle a entravé, sans l'interdire[15], l'établissement de liens contractuels entre l'État et les collectivités locales.

Dans le cadre de la tutelle en effet, l'État n'avait pas de grands efforts à faire pour convaincre les collectivités locales. Par ce contrôle, l'État orientait l'action des collectivités locales, principalement représentées par les communes, puisque les régions n'existaient pas, et que les départements étaient plus un échelon de l'État qu'une collectivité décentralisée. La tutelle est certes sur le plan juridique fondamentalement différente du pouvoir hiérarchique, et de nombreux auteurs se sont attachés à le démontrer. Il faut bien cependant reconnaître que, en certaines périodes au moins, l'exercice de la tutelle par les préfets a pu s'apparenter à un véritable pouvoir hiérarchique[16].

---

15. Selon certains auteurs (voir par ex. S. HOURSON, ouvrage précité), il est possible de parler de contractualisation dans le cadre de la tutelle (mais le terme n'était pas utilisé).

16. Il en est de même du Conseil d'État, et l'on peut toujours rappeler la formule du commissaire du gouvernement Chardonnet, dans ses conclusions sur CE 15 février 1909, *Abbé Olivier et autres c/Maire de Sens*, *Rec.*, p. 181 : « Vous qui êtes appelés à jouer un peu le rôle de supérieur hiérarchique des autorités administratives. » Certes, il est possible d'objecter que l'exercice par le maire de son pouvoir de police est un cas un peu particulier, ou encore que le commissaire du gouvernement n'exprime pas le point de vue du Conseil, il n'empêche que cela devait refléter un état d'esprit assez répandu.

Cependant, même du temps de la tutelle, certaines relations contractuelles ou de type contractuel n'étaient pas exclues[17], précisément parce que, nonobstant ce contrôle qu'exerçaient les représentants de l'État, les communes, principalement, les départements, secondairement, demeuraient des personnes publiques. Et même si les exemples demeurent rares, il est possible de citer des cas dans lesquels l'État a pu conclure un véritable contrat avec une collectivité locale, parce que celle-ci, en tant que personne morale, disposait de certaines compétences, et, lorsqu'elle en avait les moyens, les mettait en œuvre[18].

Si déjà, dans le cadre de collectivités locales soumises à une tutelle qui a pu être stricte, mais qui s'était allégée au fil du temps, l'État a pu passer des accords avec des collectivités locales, à plus forte raison en est-il dans l'hypothèse, qui est la nôtre aujourd'hui, dans laquelle les collectivités locales devenues constitutionnellement territoriales, non seulement se sont vu délivrées de la tutelle (au moins administrative), mais, de plus, se sont vu dotées de compétences étendues du fait des transferts de compétences qui ont été effectués depuis une trentaine d'années.

À partir du moment où les collectivités territoriales sont des collectivités à part entière, avec des compétences, des pouvoirs et des moyens, il n'est plus possible pour l'État de continuer à agir comme il le faisait jusque-là; il ne peut plus imposer ses vues auxdites collectivités, il faut qu'il compose avec elles, c'est le sens de la contractualisation.

17. Il n'est évidemment pas question ici des contrats passés par les collectivités locales avec les personnes privées, et dont la concession demeure l'application la plus répandue et la plus connue.

18. Voir par ex. CE 11 janvier 1905, *Gras*, *S.* 1905.III.102, où il s'agissait d'une convention entre l'État et une commune relativement à une école nationale de musique (ces « écoles nationales de musique » étaient, nonobstant la dénomination, exclusivement municipales).

B. Signification de la contractualisation

Il n'y a pas, selon ce qui serait une vue naïve et simplificatrice, un avant et un après, l'avant étant représenté par le temps de la tutelle, le temps d'après par des collectivités disposant enfin de la plénitude de leur liberté et de leurs possibilités. Mais il est certain, en revanche, que les relations entre l'État et les collectivités territoriales se sont progressivement modifiées, et que ce changement concerne également les relations entre collectivités territoriales elles-mêmes.

1. De nouvelles relations entre l'État et les collectivités territoriales

Plusieurs facteurs ont contribué à un changement de la nature des relations entre l'État et les collectivités territoriales, les uns politiques, les autres juridiques.

a. Les données politiques

Parce que nous sommes dans un domaine où les conceptions politiques, idéologiques, sentimentales, sont plus fortes que les autres, il n'est pas étonnant que les données politiques aient joué un grand rôle dans le changement de ces relations.

Une première donnée politique est ce que l'on pourrait appeler l'acquisition de la dignité par les collectivités territoriales. Un tel vocabulaire peut surprendre, même si l'on se trouve dans le domaine politique. Car si l'on conçoit bien la dignité pour les personnes physiques, une dignité qui est consacrée jurisprudentiellement et législativement, elle est moins « naturelle » appliquée aux collectivités territoriales. Et cependant, c'est bien de cela qu'il s'agit. Car, pendant plus d'un siècle, depuis l'Empire et presque jusqu'à aujourd'hui, les collectivités locales ont été considérées avec une certaine condescendance par le pouvoir politique national (nonobstant les déclarations en sens contraire) et plus encore peut-être par l'administration centrale.

Les collectivités locales étaient qualifiées de collectivités « secondaires » et ce qualificatif est profondément ambigu, tout dépend comment on l'entend. « Secondaire » peut simplement vouloir dire ce qui vient en second, auquel cas le sens n'est pas péjoratif, et une telle interprétation est « normale » dans un pays comme le nôtre : la première collectivité, celle vers laquelle se tournent les citoyens, est l'État; celui-ci est le recours suprême en cas de crise, de difficulté. Les collectivités locales, tout en étant plus proches, n'ont pas la même capacité d'intervenir. Mais « secondaire » peut également vouloir dire accessoire, de peu d'importance, et il n'est pas certain que cette interprétation n'ait pas été celle de quelques administrations centrales, voire du pouvoir politique à certains moments de notre histoire.

Symptomatiques ou significatives sont les expressions utilisées par les lois présentées – à tort – comme les premières lois de décentralisation. La loi du 2 mars 1982 est intitulée « Loi relative aux droits et libertés des communes, des départements et des régions ». Il importe peu que ce terme de « libertés » n'ait pas eu de portée juridique réelle, qu'il y ait eu une certaine confusion chez les parlementaires. Ce qui importe, c'est le sentiment que les parlementaires ont eu de redonner aux collectivités territoriales ce qui leur revenait et qui leur avait été enlevé. Et tout ceci peut se ramener à une idée de dignité retrouvée. La loi du 13 août 2004 est tout aussi significative dans son intitulé : si elle devait s'appeler uniquement, au départ, loi relative aux responsabilités locales, sur demande du Parlement (Sénat), elle a été appelée, en définitive, loi relative aux libertés et aux responsabilités locales.

Cette référence aux « libertés » est particulièrement instructive. La notion de « libertés locales » n'a rien de juridique, c'est une notion fondamentalement politique. Les libertés locales ont été au XIXe siècle un thème de revendication contre le pouvoir central, la revendication d'autonomie. En d'autres termes, originellement les libertés locales sont une revendication contre l'État, elles n'appellent pas de collaboration avec l'État. Toutefois, en 1982, lorsque la loi adoptée fait référence aux libertés, les circonstances sont tout à fait différentes de celles de la fin du XIXe siècle, les collectivités locales s'étaient largement transformées.

Il convient d'ajouter un autre facteur d'évolution, que l'on peut résumer par la formule, certes non juridique et sans doute un peu trop facile : le vent a tourné, il ne souffle plus dans le même sens. Qu'est-ce à dire ? Cela signifie, d'une part, que l'État n'est plus auréolé de cette incontestabilité qui l'avait caractérisé[19] pendant plus d'un siècle, c'est à l'inverse le doute qui s'est installé dans la conscience des citoyens. L'État est décrédibilisé, les critiques se sont multipliées à son encontre. D'autre part, les collectivités territoriales sont valorisées, ce sont elles qui apparaissent porteuses de la promesse de modernité et qui semblent mieux répondre aux aspirations et aux attentes des citoyens que l'État.

b. Les données juridiques

Une précision préalable doit être apportée. Ces données juridiques sont en même temps et inévitablement pour partie politiques parce que dans ce domaine plus particulièrement, il est difficile de séparer les deux, même si les données présentées ci-après ont une composante juridique très forte.

Une première donnée est le principe de libre administration des collectivités territoriales (ou locales, le sens est le même). Ce principe est absent dans les lois de décentralisation de la fin du XIXe siècle présentées souvent comme des « chartes » de la décentralisation et nul parlementaire ne l'a évoqué dans les débats, qu'il s'agisse de la loi de 1871 ou de la loi de 1884. Et cependant, après le vote de ces lois, nombreux ont été ceux qui ont affirmé que la décentralisation était réalisée. Il n'en était en réalité pas ainsi. La présence d'une forte tutelle entravait certes l'affirmation de l'autonomie locale, mais il faut ajouter une autre donnée, qui n'est pas juridique, mais qui est fondamentale, la faiblesse des ressources locales. À maintes reprises,

19. Une objection pourrait être présentée : depuis longtemps l'administration française est brocardée pour ses défauts. Mais il s'agit bien de l'administration, pas de l'État, il y avait une dissociation, que d'aucuns pourraient trouver schizophrénique, entre la critique de l'administration et la confiance mise en l'État.

au Parlement, des parlementaires interviennent pour déplorer l'état des finances locales. En 1936, et dans une période certes très difficile, au cours d'un débat, un parlementaire va même jusqu'à dire, utilisant une image médicale, que les finances locales sont dans un état de cachexie.

Ce principe est énoncé dans la Constitution de 1946, mais sans que personne ne songe à en tirer un quelconque effet juridique. Pour tous, c'est une affirmation politique qui n'a pas de contenu précis, on en reste aux formulations qui avaient cours au XIXe siècle. La formule est reprise dans la Constitution de 1958 sans intention particulière, et il faut attendre la jurisprudence du Conseil constitutionnel de 1982 pour que ce principe soit reconnu comme un principe à valeur constitutionnelle, que doit respecter le législateur. Même si la jurisprudence dudit Conseil est timide pour faire prévaloir ce principe, même si peu d'annulations sont prononcées sur le fondement de ce principe, il est néanmoins important, car il joue par anticipation, les assemblées parlementaires, notamment leur commission des lois, étant informées de ce principe et cherchant à éviter d'insérer dans une loi des dispositions qui encourraient l'inconstitutionnalité.

En quoi ce principe favorise-t-il la contractualisation entre l'État et les collectivités territoriales ? Ne joue-t-il pas plutôt comme facteur d'affirmation de l'autonomie locale ? En fait, il contribue à la recherche de liens contractuels par l'État parce que ce dernier est retenu par le principe de libre administration, il ne peut plus agir de manière un peu désinvolte comme il le faisait auparavant. Le principe de libre administration est une barrière fragile, mais c'est tout de même une barrière qui incite l'État à recourir à d'autres procédés que ceux qu'il utilisait traditionnellement, à renoncer à l'unilatéralité pour des relations de réciprocité, ou d'une certaine réciprocité.

Une seconde donnée joue dans le même sens, il s'agit des transferts de compétences. La décentralisation se réalise par des transferts de compétences de l'État vers les collectivités territoriales. Ceci appelle une explication : les collectivités en questions ne disposaient-elles pas, jusqu'en 2015 (et ne disposent-elles toujours pas, pour les communes) de la clause de compétence générale ? Mais cette clause, qui n'en est pas une, est à l'origine d'une confusion, ou d'une méprise. Elle n'a jamais voulu signifier, en effet, que les collectivités qui en bénéficiaient pouvaient intervenir dans tous les domaines. Elle signifiait (elle signifie) seulement, ce qui est beaucoup, que ces collectivités peuvent intervenir dans un domaine pour autant que la loi n'ait pas confié la matière à une autre personne, publique ou privée.

Le juge administratif a été amené à intervenir, d'une manière qui fut au début très restrictive, à propos des interventions des collectivités locales (principalement des communes) dans le domaine économique, la question étant de savoir si ces collectivités pouvaient ou non intervenir. Naturellement, il n'était aucunement question de relations contractuelles, c'était l'intervention unilatérale des communes qui était en question[20]. Mais, par la suite, les lois se sont multipliées dans tous les domaines, restreignant par là les possibilités théoriques d'intervenir[21] des collectivités territoriales.

C'est pourquoi l'extension ou la réalisation de la décentralisation a été comprise à juste titre comme impliquant des transferts de compétences de l'État vers les collectivités territoriales, transferts qui s'imposaient d'autant plus qu'une nouvelle catégorie de collectivités était créée, la région, et qu'il n'était pas question de « prendre » sur les compétences des communes et des départements[22]. Il était indispensable que la loi fixe les compétences, ou certaines

20. Le plus remarquable ou le plus étonnant, en l'espèce, est le fait que des textes réglementaires étaient bien intervenus, qui habilitaient les communes et les départements à intervenir, le Conseil d'État ayant manifestement interprété ces dispositions contre ce qu'avait souhaité le gouvernement.

21. Si, en théorie, les collectivités locales auraient pu intervenir sur le fondement de la clause de compétence générale, du fait du petit nombre de lois, elles n'en avaient pas les moyens financiers ; de plus cette clause n'était pas invoquée, reconnue, en tant que telle, et le juge administratif aurait certainement fait barrage à de telles interventions.

22. Autrement dit, selon la formule populaire, de déshabiller Pierre pour habiller Paul.

compétences[23], des collectivités territoriales, d'autant que dans bien des domaines (pour ne pas dire tous) les compétences étaient – et demeurent – enchevêtrées. C'est pourquoi les lois de 1983, comme la loi du 13 août 2004, transfèrent des compétences de l'État vers les collectivités territoriales.

Ces transferts impliquaient nécessairement l'établissement de liens contractuels entre l'État et les collectivités territoriales. D'une part, en effet, il fallait, une fois le principe du transfert d'un domaine ou d'une partie d'un domaine posé, en fixer les modalités, notamment les modalités financières et celles relatives au personnel. Il aurait été parfaitement contradictoire avec les principes énoncés que l'État fixât seul, autoritairement, les modalités pratiques de ces transferts, d'autant que certaines d'entre elles donnaient lieu à débat, voire à polémique, sur le plan financier.

D'autre part, plus les responsabilités (ou les compétences) sont partagées, plus il est nécessaire de collaborer. C'est là une simple exigence d'efficacité, voire encore plus simplement de cohérence de l'action administrative. L'État et les collectivités territoriales ne peuvent pas, ne peuvent plus, intervenir, sans se soucier de ce que font les autres collectivités publiques dans ce domaine ou dans un domaine voisin. Si les collectivités n'y avaient pas été portées spontanément, les contraintes budgétaires leur auraient imposé d'agir de manière concertée. Et pour l'État, il était de son intérêt de contractualiser avec les collectivités territoriales, quels qu'aient pu être les sous-entendus, ou les arrière-pensées.

23. La loi du 2 janvier 1983 comme celle du 22 juillet 1983 est intitulée, avec raison, « loi relative à la répartition *de* compétences entre l'État, les communes, les départements et les régions » : il ne s'agissait pas de fixer la répartition de toutes les compétences des collectivités territoriales et de l'État.

2. Un changement de relations entre les collectivités territoriales

Une véritable nouveauté, au moins par son ampleur, est désormais la collaboration, sous une forme contractualisée, des collectivités territoriales entre elles. Jusqu'à une époque récente, elles n'y étaient guère portées, tout le monde se souvient des « querelles de clocher » qui opposaient des communes voisines. Ceci n'a pas disparu, mais la nécessité de la coopération l'emporte aujourd'hui.

a. La différenciation structurelle des personnes publiques

Un fait incontestable est la différenciation structurelle à laquelle on a assisté depuis quelques décennies, et cette différenciation structurelle a soulevé de nouveaux problèmes auxquels on a tenté de répondre par la mise en place de nouveaux instruments qui impliquent la contractualisation.

La différenciation structurelle s'est d'abord manifestée par la création d'une nouvelle catégorie de collectivités territoriales, les régions. Nous nous sommes facilement habitués, aujourd'hui, à l'existence des régions, mais leur consécration a représenté un événement majeur dans l'histoire administrative française.

On ne peut oublier, tout d'abord, que les dirigeants de la Troisième République se sont opposés avec constance à la création des régions. On a agité les régions comme un épouvantail en vue du maintien d'une unité nationale qui aurait été ébranlée par leur reconnaissance. On ne peut oublier, ensuite, que l'échec du référendum de 1969, s'il n'est pas dû simplement à cela, est dû en partie[24], au fait que le projet d'avril consacrait (constitutionnellement) la création de régions comme collectivités territoriales. Quels qu'aient été les motifs du

24. À vrai dire, on peut débattre sans fin sur les raisons de l'échec du référendum du 27 avril 1969 puisque la question était double, mais ne comportait qu'une seule réponse et qu'au surplus la dimension personnelle (pour ou contre De Gaulle) a largement joué.

rejet par les Français, il est certain que nombreux étaient ceux qui n'étaient pas encore préparés, qui demeuraient hostiles à la région, y compris (et surtout) à gauche.

D'ailleurs, les départements ont eu un rôle dans l'échec de ce référendum. Les assemblées départementales étaient, à de rares exceptions près, hostiles à l'institution de la région, en laquelle elles voyaient, avec quelques bonnes raisons, un concurrent potentiel : les régions, telles qu'elles apparaissaient devoir être, et telles qu'elles ont été jusqu'en 2015, étaient assez proches des départements, elles ne se différenciaient pas suffisamment pour que l'on puisse clairement leur donner un rôle spécifique. La création des régions pouvait signifier, à terme, la disparition des départements – c'est ce qui a failli se produire en 2015 – ce qui explique largement l'opposition de ces derniers à l'institution des régions.

L'organisation territoriale française avait été pensée, depuis la Révolution et l'Empire, avec une collectivité locale de base, la commune, et une collectivité de second rang, le département, l'État décidant et arbitrant avec cette notion déterminante et prépondérante d'intérêt national. La décentralisation est à repenser avec la création de la région. Il fallait lui trouver des compétences, qui n'allaient pas de soi, comme pour la commune et le département. Et il ne suffisait pas de dire que la région devait être un échelon de coordination pour régler le problème.

La contractualisation, quelle qu'en soit la forme, était la seule manière de parvenir à un fonctionnement équilibré des services publics à l'échelon local. Une illustration en est fournie par l'école. Contre toute logique pédagogique, le législateur a décidé que les collèges relèveraient du département et les lycées de la région, l'objectif évident étant de ménager les deux collectivités. Mais lorsque ces dispositions ont été prises, dans de nombreux cas, collèges et lycées se trouvaient dans des bâtiments indissociables. Un conventionnement était indispensable pour régler les multiples problèmes pouvant en découler. Aujourd'hui, ce conventionnement est tout aussi indispensable pour les élèves résidant dans un département et allant dans un établissement scolaire du département voisin, etc.

Une autre différenciation structurelle s'est produite, caractérisée par la multiplication des établissements publics locaux, des établissements publics de coopération intercommunale en particulier. Certes, ces établissements publics ne datent pas d'aujourd'hui, il est admis qu'ils remontent à 1890. Mais, d'une part, à la date de leur création, personne ne s'y intéresse et ne se rend compte que l'on est en train de mettre en place une nouvelle catégorie, hybride, d'établissements publics, les établissements publics territoriaux, d'autre part, ils n'ont alors qu'une importance limitée, alors qu'ils se sont multipliés depuis, notamment depuis les débuts de la Cinquième République, avec une accélération à partir de 1999.

Non seulement ces établissements publics ont été multipliés par le législateur au fil du temps, mais, par ailleurs, ils sont devenus de plus en plus « intégrateurs ». Autrement dit, à chaque création d'une nouvelle catégorie d'établissements publics de coopération, les communes devaient transférer des compétences de plus en plus nombreuses à ces établissements. Les critères de ces transferts se sont également complexifiés avec le temps. La seule manière de réaliser ces transferts est la voie contractuelle, des conventions prévoyant dans chaque cas les modalités du transfert, selon que le transfert d'une compétence était facultatif ou obligatoire.

Enfin, du fait des responsabilités partagées, comme du fait de la suppression de la clause de compétence générale pour les départements et les régions, les pouvoirs publics ont dû inventer des mécanismes administratifs ou/et juridiques pour éviter les doubles emplois ou les contradictions. L'un de ces instruments est la notion de collectivité chef de file. Cette notion a été difficile à introduire dans les textes, d'abord parce qu'elle n'est pas d'une très grande clarté, ensuite parce que l'on s'est interrogé sur sa constitutionnalité, et qu'une première tentative s'était soldée par ladite inconstitutionnalité. Les débats sur la notion nous feraient sortir du sujet, mais ce qui nous intéresse ici, c'est que la loi NOTRe la consacre et que cette consécration induit un conventionnement inévitable : il faut bien préciser dans une convention en quoi va consister le rôle de la collectivité chef de file (en l'espèce, dans la loi NOTRe, la région) et celui des collectivités qui vont œuvrer dans ce cadre.

b. La diversification des interventions

La diversification des interventions des collectivités territoriales est également un facteur de contractualisation et cela vaut tout autant pour les compétences qualifiées de partagées que pour celles qui sont exclusives, l'exclusivité de la compétence n'excluant pas la contractualisation de la mise en œuvre de cette compétence.

Trois domaines sont exclus de la suppression de la clause de compétence générale, c'est-à-dire sont, comme auparavant, des responsabilités partagées entre les trois catégories de collectivités « généralistes ». Le premier de ces domaines est celui de la culture. Il est intéressant de relever à ce propos que la culture a été l'un des domaines permettant de démontrer, en un temps où il était contesté, le maintien de la clause de compétence générale[25] au profit des collectivités territoriales. Dans les lois de 2010, d'abord, de 2015, ensuite[26], le législateur excepte de la suppression la « culture ».

Ce qui nous intéresse ici est le fait que le législateur parle de « culture », comme si la définition de celle-ci allait de soi, alors que c'est le contraire : on peut avoir de la culture une conception étroite ou une conception large, et dans cette seconde conception, tout ou

25. Ce débat a eu lieu après le vote des lois de 1982 et 1983, certains auteurs ayant affirmé que lesdites lois, notamment celle du 2 mars 1982, avaient supprimé la clause de compétence générale. C'était exactement l'inverse que le législateur avait fait, étendant au département (pour lequel la clause était discutable) et instituant au profit de la région la clause de compétence générale. La culture a pu être utilisée comme exemple de maintien de la clause pour les communes. Voir sur cette problématique J.-M. PONTIER, « *Semper manet*. Sur une clause générale de compétence », *RDP* 1985, p. 1443.

26. Le législateur de 2015 reprenant, sur ce point, les dispositions de la loi de 2010.

presque peut entrer dans le domaine de la culture, donc, du point de vue de la loi, dans le domaine d'intervention d'une collectivité territoriale. Mais la conséquence en est qu'il est absolument indispensable que les collectivités territoriales s'entendent sur leurs interventions culturelles pour éviter les incohérences, surtout en un temps où les contraintes budgétaires sont plus fortes qu'auparavant. Le seul moyen d'y parvenir est la contractualisation.

Il en est de même pour le sport et le tourisme. Ce sont là deux domaines qui, d'une part, représentent des compétences enchevêtrées, plusieurs collectivités intervenant en la matière, d'autre part, sont liés entre eux, comme ils sont liés au domaine culturel. Cela est particulièrement vrai entre la culture et le tourisme, deux domaines souvent difficilement dissociables[27], aussi bien en ce qui concerne le patrimoine que le spectacle vivant : un patrimoine mis en valeur ou une manifestation culturelle est source d'attraction touristique, laquelle, en retour, conduit à développer les interventions culturelles.

Du fait des considérations qui précèdent, des interventions coordonnées et concertées sont souhaitables, voire indispensables. Il est de l'intérêt des collectivités territoriales, communes entre elles, communes et intercommunalités, communes et département, de coopérer entre elles pour favoriser le développement, non seulement culturel et social, mais également économique. La coopération prend « naturellement » la forme du conventionnement, qui est d'ailleurs le seul acceptable pour ménager les susceptibilités locales de chacun.

D'une manière plus générale, un autre facteur pèse en faveur de la contractualisation, il s'agit de la transformation du rôle des collectivités territoriales. Ces collectivités sont devenues – ceci étant surtout vrai pour les communes et, aujourd'hui, leurs groupements – des collectivités « providence ». Si « l'État providence » paraît

27. Et l'on peut se souvenir que dans l'arrêt *Dauphin* le Conseil d'État avait consacré pour la première fois de manière claire un service public qui était qualifié de service public culturel et touristique.

aujourd'hui dépassé, du fait à la fois d'une certaine impuissance de sa part, et des critiques récurrentes dont il fait l'objet, les collectivités territoriales ont été moins touchées par ce discrédit, leurs interventions sont souhaitées, attendues, demandées. Ce rôle nouveau ne peut se concrétiser que par le biais d'instruments de type contractuel.

L'aménagement du territoire est un autre facteur ayant eu un semblable effet. Certes, il n'est plus vraiment à la mode, les pouvoirs publics ont largement abandonné le volontarisme qui avait caractérisé l'intervention de l'État dans les années 1960. Mais la politique qui avait été conduite a laissé des traces dans les textes comme dans les comportements. Cet aménagement du territoire postule par définition la pluralité des interventions et la coordination des actions. Dans les années 1960, où la décentralisation, bien qu'ayant été engagée, demeurait encore limitée, et parce que, également, l'État était incontesté, l'aménagement du territoire n'appelait guère de contractualisation parce que l'État décidait et exécutait par le biais d'un certain nombre d'instruments, dont la DATAR était le plus emblématique. À notre époque, compte tenu des évolutions intervenues, l'État intervient avec le concours des collectivités territoriales, dont le rôle est grandissant, et la contractualisation s'impose comme l'instrument indispensable.

Mais si l'action publique locale a été ainsi renouvelée par la contractualisation qui est à la fois l'expression et une conséquence de ce renouvellement, la pratique des instruments contractuels invite à une appréciation plus nuancée de ce qu'ils ont apporté en termes d'autonomie locale et de décentralisation.

II. Une action publique locale conditionnée par la contractualisation

La contractualisation est certes, par elle-même, un élément de décentralisation, puisqu'elle implique la réciprocité qui n'existait pas auparavant dans le cadre de l'unilatéralité de l'action. En même temps, et telle qu'elle est utilisée, elle se présente comme un moyen de conditionner l'action des collectivités territoriales, et cet effet est d'autant plus marqué qu'elle est associée au recours à d'autres instruments.

A. Les rets de la contractualisation

Les rets sont, comme la fable nous l'indique, une sorte de filet, et c'est bien cette idée de filet qui vient à l'esprit dans l'étude de la contractualisation. Si, en apparence, la contractualisation est la méthode quasi idéale et inévitable pour respecter l'autonomie locale et tirer les conséquences d'une réelle décentralisation, le doute surgit, alimenté par le constat d'une contractualisation qui se manifeste dans tous les domaines et dont les traits ne semblent pas aller dans le sens du consensualisme devant découler de l'égalité supposée des parties.

1. La nébuleuse contractuelle et paracontractuelle

Cela fait un certain temps déjà que les auteurs s'étonnent de voir la contractualisation proliférer sans que l'on décèle une vue d'ensemble et une cohérence de tous ces dispositifs. À plus forte raison en est-il aujourd'hui, où la multiplication des procédures de type contractuel rend le phénomène peu compréhensible.

a. Un système de contractualisation multiforme

La contractualisation fait l'objet d'un engouement remarquable : après un long temps durant lequel elle était quasiment absente, elle est devenue la solution ou la réponse à toutes les questions qui découlent des interventions cumulées et conjuguées des diverses personnes publiques, collectivités territoriales et leurs groupements, ainsi que les établissements publics. Dès qu'une intervention est prévue, on lui adjoint un mécanisme de contractualisation associant un plus ou moins grand nombre de personnes. Mais un autre facteur d'étonnement est la diversité sous laquelle se présentent ces procédés de contractualisation.

Un premier et évident facteur de diversité est la pluralité des dénominations, cette pluralité allant au-delà des seules questions de forme et de présentation. Deux termes reviennent en apparence plus fréquemment que les autres, celui de contrat et celui de convention. L'un et l'autre sont usités, mais sans que l'on puisse trouver de critère de différenciation tangible ou acceptable. Et à vrai dire, les pouvoirs publics ne semblent guère se soucier de rigueur terminologique, recourant tantôt à un terme et tantôt à l'autre. Tout au plus peut-on repérer certaines tendances.

Le terme « contrat » a d'abord été utilisé dans le cadre de la « planification à la française » durant les années 1960, et peut-être était-ce parce que cette contractualisation s'opérait d'abord avec des entreprises publiques que le terme de contrat a été utilisé. Aujourd'hui, le terme semble plutôt être utilisé dans le cas d'actions bilatérales entre l'État d'une part, une collectivité territoriale d'autre part. L'une des illustrations les plus remarquables en est encore représentée, aujourd'hui, par les contrats de plan État-Régions. Le terme de convention a plutôt été réservé d'abord à tous les accords qui ont accompagné les transferts de compétences, avec notamment les conventions de transferts de services et les conventions financières. Mais il faut ajouter qu'il n'y a rien d'absolu, et les conventions qui ont été prévues dans le cadre des dernières lois de décentralisation pourraient tout aussi bien être qualifiées de contrats[28].

D'autres termes suscitent encore plus d'interrogations. Ainsi les textes parlent-ils quelquefois de « charte ». Le terme de charte est bien connu, il remonte à l'Ancien Régime, et les communautés de l'époque concluaient des chartes avec le seigneur, laïque ou ecclésiastique. Ce terme a été repris à plusieurs reprises tout au long de notre histoire, avec des significations très différentes[29], il n'a pas de définition unique et incontestable. Mais la consonance du terme est

28. D'ailleurs, au fil du temps, un accord qualifié de convention peut fort bien, quelques années après, lors d'un changement de dénomination, être qualifié de contrat, ou inversement.
29. Ainsi en est-il au plan du droit constitutionnel, avec les chartes de 1815 et de 1830, dans un sens assez éloigné de celui dans lequel le mot est utilisé en droit administratif.

agréable, et évoque de manière un peu confuse des idées d'accord, de liberté[30], d'échange. Il n'est pas très étonnant que les autorités publiques, en quête de respectabilité, aient cherché à utiliser ce mot. On le rencontre particulièrement dans le domaine de la culture : charte des bibliothèques, charte de l'enseignement artistique spécialisé en musique, danse et théâtre, charte des missions de service public pour le spectacle, charte du spectacle vivant[31]. Et si ces chartes sont citées, c'est parce qu'elles comportent des engagements, une certaine réciprocité, qui les font bien entrer dans le cadre de la contractualisation.

D'autres termes encore sont utilisés, tels que par exemple le terme de « protocole ». Ce terme peut aussi bien servir à désigner un document qui accompagne un acte unilatéral, voire un contrat, qu'un document d'engagements réciproques. Par exemple, les « protocoles de décentralisation culturelle » furent un exercice de contractualisation mené par l'État avec des collectivités territoriales volontaires dans les deux domaines du patrimoine et des enseignements artistiques. On trouve encore dans les textes le terme de « programme » et si ce terme ne devrait pas désigner une relation de type contractuel, de fait c'est cependant le cas, et l'on pourrait citer en ce sens le cas des PAPI, programmes de prévention des inondations[32].

30. On pense par exemple à la *Magna Carta* de 1214.

31. Sur ces chartes dans le domaine culturel, voir J.-M. PONTIER, « Culture », *Encyclopédie Dalloz des collectivités locales*, 2017, p. 4332-1 et s.

32. Ces programmes, d'abord expérimentaux, ont été définis par une circulaire de 2011, puis consacrés par la loi, ils figurent aujourd'hui à l'article L. 561-3 du Code de l'environnement (loi nº 2014-58 du 27 janvier 2014). Un PAPI est composé d'une « stratégie locale » établie sur la base d'un diagnostic de territoire et comportant des objectifs et des mesures identifiant, pour chaque action, les maîtres d'ouvrage concernés, d'un « programme d'action » avec un calendrier et une hiérarchisation des actions, enfin les « modalités de la gouvernance ». Ces PAPI sont des instruments contractuels auxquels sont parties, outre l'État, des collectivités territoriales et des établissements publics tels que, notamment, les établissements publics territoriaux de bassin.

Un autre trait de cette contractualisation, qui porte à la fois sur la forme et sur le fond, est le changement fréquent ou régulier d'une forme de contractualisation pour une autre. Les textes nouveaux s'accompagnent souvent d'un changement de terminologie et de régime juridique que l'on a du mal à expliquer de manière rationnelle. La politique de l'aménagement du territoire comme la politique de la ville et la politique à l'égard des collectivités territoriales sont ainsi caractérisées par une « valse » des appellations et des dénominations où l'on a du mal à se retrouver.

b. Un système de contractualisation peu compréhensible et peu maîtrisable par les collectivités territoriales

Les élus locaux peuvent, avec quelques bonnes raisons, être désorientés par cette floraison d'accords qui leur sont proposés : pour chaque type d'interventions, se trouve associée une contractualisation. En soi, le procédé serait peut-être acceptable s'il répondait toujours aux mêmes critères, si les accords présentaient toujours des caractéristiques clairement identifiables et relativement identiques. Mais ce n'est pas le cas : en fonction des besoins d'un ministère, des amendements qui ont pu être apportés au Parlement, la contractualisation va présenter des traits différents. Il est compréhensible que les élus locaux se sentent quelquefois « perdus » face à cette diversité.

Un autre point est le fait que l'initiative provient toujours de l'État, ce qui jette un doute sur l'équivocité du procédé. S'il s'agit d'un accord entre l'État et des collectivités territoriales, ou entre des collectivités territoriales, on peut imaginer que l'initiative pourrait provenir des deux côtés. Et même lorsqu'il s'agit d'une contractualisation entre des collectivités territoriales sans la participation de l'État, le cadre de cette contractualisation a été défini préalablement par l'État, les collectivités doivent se conformer aux dispositions régissant cette contractualisation, et qui découlent souvent d'une loi, fût-elle vague.

Le système de la contractualisation n'est pas maîtrisable parce que si ce n'est pas toute l'action publique locale, l'essentiel de celle-ci est englobé dans une contractualisation proposée et de fait plus ou moins imposée par l'État. Sans doute la concertation n'a-t-elle jamais été autant développée que de nos jours, mais l'on peut se demander précisément si elle ne couvre pas des pratiques insidieusement plus contraignantes, à travers tous ces procédés simili contractuels.

L'étendue et la pluralité des délégations de compétences, la reconnaissance de compétences exclusives et de compétences partagées, la détermination de chefs de file différents[33], vont donner lieu à une multiplicité d'actes qualifiés de conventions, avec les conventions territoriales d'exercice concerté des compétences (CTEC)[34] et les conventions de délégations de compétences entre l'État et les collectivités territoriales[35], les unes et les autres devant être débattues devant la conférence territoriale de l'action publique (CTAP), tout cela formant vraiment des rets de contractualisation.

2. Contrat, convention et contractualisation

La contractualisation n'est pas le contrat au sens juridique du terme, car il y manque entre autres une véritable égalité entre les parties avec, pour conséquence, une limitation de l'autonomie locale.

33. La région est chef de file sur l'aménagement et le développement durable des territoires, la protection de la biodiversité, le climat, la qualité de l'air et l'énergie, l'intermodalité et la complémentarité entre modes de transports ; le département est chef de file pour l'action sociale, l'autonomie des personnes et la solidarité des territoires ; le bloc communal est le chef de file pour la mobilité durable, l'organisation des services publics de proximité, l'aménagement des espaces, le développement local.
34. Les CTEC sont mises en place pour les compétences pour lesquelles la collectivité est chef de file et doivent préciser les niveaux de collectivités concernées, les délégations de compétences éventuelles, les modalités de coordination financière, la durée de la convention (qui ne peut excéder six ans).
35. Les modalités d'élaboration de ces conventions sont précisées par le décret n° 2015-687du 17 juin 2015 relatif à la délégation de compétences entre l'État et les collectivités territoriales prévue par l'article L. 1111-8-1 du CGCT.

a. L'absence de véritable égalité entre les parties

La contractualisation n'est pas le contrat, ou pas seulement le contrat, parce qu'il lui manque ce consensualisme qui est à la base de la relation contractuelle. Certes, *a priori*, on trouve les deux éléments de ce consensualisme, à savoir le consentement et l'accord de volontés : dans tous les contrats ou conventions qui sont conclus, les collectivités territoriales donnent leur accord par le biais de leur représentant, l'exécutif de la collectivité, elles consentent à ce qui leur est proposé par l'État. Mais que signifient et que valent ce consentement et cet accord de volontés ? Ne sont-ils pas plus ou moins contraints ? Les collectivités territoriales ont-elles réellement le choix de refuser ce qui leur est proposé ? Dans quelques cas peut-être, mais le plus souvent il n'en est pas ainsi, ne serait-ce que, comme nous allons le voir, parce que des aides financières, des subventions, sont attachées à l'accord, et que les collectivités ont besoin de telles aides.

Des objections peuvent être présentées à cette argumentation. D'une part, en est-il différemment en droit privé ? Trouve-t-on souvent la pureté du contrat ? Cela fait bien longtemps que les privatistes ont démontré que de nombreux contrats, à commencer par les contrats de travail, étaient des contrats d'adhésion. Cependant, les contrats de travail présentent une particularité marquée et la législation, comme chacun le sait, encadre fortement le régime juridique des contrats de travail. Un autre exemple est beaucoup plus convaincant encore en droit privé, c'est celui du droit de la consommation : les consommateurs que nous sommes passent en permanence des contrats d'adhésion, à travers les achats que nous effectuons régulièrement.

Mais cette objection n'est pas déterminante : ce n'est pas parce qu'en droit privé on trouve des contrats d'adhésion qu'en droit public les contrats entre l'État et les collectivités territoriales seraient de véritables contrats. Cela montre simplement que l'égalité des parties est difficile à obtenir si la partie la plus faible n'est pas protégée, et il n'y a pas plus d'égalité des parties en droit public qu'en droit privé, les collectivités territoriales se trouvent de manière presque ontologique en situation d'inégalité par rapport à l'État.

Une autre objection pourrait être opposée, en s'en tenant au droit public : le juge administratif ne s'est-il pas déjà prononcé, n'a-t-il pas considéré que ces accords étaient de véritables contrats, produisaient des effets de droit ? L'exemple le plus pertinent que l'on pourrait citer en ce sens est celui des contrats de plan État-Régions : le Conseil d'État a reconnu de manière très claire que ces contrats de plan étaient des contrats administratifs.

Cependant, là encore l'objection est loin d'être déterminante. Tout d'abord, le juge pouvait difficilement qualifier autrement ces contrats parce qu'il existait une base textuelle : la loi du 29 juillet 1982 portant réforme de la planification qualifie clairement les contrats que l'État peut passer pour l'exécution du plan de la nation de contrats, et les débats parlementaires sont parfaitement clairs sur ce point. Ensuite, le Conseil d'État n'a opéré cette reconnaissance qu'*a minima*[36] et sa jurisprudence ultérieure a atténué la portée de cette qualification. Par ailleurs, et en troisième lieu, étant donné qu'il n'y a plus de plan de la nation, il n'y a plus de support textuel[37], et le juge pourrait fort bien, s'il était saisi d'un nouveau contentieux, considérer que, dans ces conditions, les contrats de plan ne sont pas des contrats[38]. Enfin,

---

36. On pourrait dire, en utilisant une formule familière, qu'il l'a fait en « traînant les pieds », un peu contraint et forcé, mais pas vraiment convaincu.

37. La loi du 29 juillet 1982 n'a pas été abrogée, ni même modifiée, et l'on se demande pourquoi puisque la plus grande partie de la loi n'a plus aucune effectivité. Les pouvoirs publics ressentiraient-ils quelque honte à reconnaître l'abandon pur et simple du plan, ou bien est-ce plus prosaïquement un désintérêt à l'égard de la question ?

38. Cela d'autant plus que les contrats de plan d'aujourd'hui ne sont pas, ne sont plus, les contrats de plan du départ : entre-temps, il y a eu les contrats de projet, et le législateur a rétabli en 2014 pour des raisons purement idéologiques une appellation qui n'avait plus de raison d'être.

l'exemple des contrats de plan est bien le seul que l'on puisse valoir – si tant est que cela soit encore possible – au sein de la multitude des accords qualifiés de contrats ou de conventions.

La contractualisation est un mode concerté d'exercice des compétences, non une relation contractuelle[39]. Il faut parler de contractualisation et non de contrat parce que, si sous cette appellation il est possible de trouver des actes qui répondent aux caractéristiques et aux conditions des contrats, le plus souvent, il n'en est pas ainsi. La notion de contractualisation est plus large, elle englobe toute une série d'actes qui ne sont pas des contrats, mais traduisent l'intention des « parties » de travailler ensemble, d'agir dans l'intérêt public, ce dernier seul donnant sens à la contractualisation, et permettant de la différencier des contrats d'adhésion que l'on trouve en droit privé.

b. Une limitation de l'autonomie locale

Il peut paraître paradoxal d'affirmer que la contractualisation se traduit par une limitation de l'autonomie locale, mais le paradoxe n'est qu'apparent : il n'y aurait de véritable liberté que si les collectivités territoriales pouvaient intervenir seules, avec leurs propres moyens. Ce n'est jamais le cas, dans aucun pays il n'en est ainsi, une collectivité sollicite le plus souvent l'aide d'une autre collectivité. Ce n'est pas pour autant une entrave à l'autonomie. Le malentendu réside dans la présentation qui est faite de la contractualisation, celle d'un procédé qui respecterait parfaitement l'autonomie des collectivités territoriales. La contractualisation se révèle une limitation à l'autonomie, d'abord par ce qu'elle implique, mais également et surtout, par le conditionnement financier qui en est fait par l'État.

La contractualisation suppose un accord sur certaines actions ou opérations, avec un suivi et une évaluation. Mais les termes du contenu de l'accord ne donnent pas lieu à discussion, ou peu, les collectivités territoriales s'engagent sur une proposition de l'État

39. Voir sur cette notion J.-M. PONTIER, « Contractualisation et libre administration », *RFDA* 2017.

qu'elles ne peuvent guère discuter. L'orientation est donnée par l'État, en fonction d'objectifs nationaux déclinés à l'échelon local. Par ailleurs, il existe une manière assez subtile et discrète d'orienter les actions des collectivités territoriales, consistant pour l'État à contractualiser avec des structures locales qui relèvent des collectivités territoriales en imposant à ces structures un contrat type[40] auquel elles doivent se conformer[41].

Il en est différemment pour la contractualisation qui ne met en scène que des collectivités territoriales. Dans cette hypothèse, la contractualisation prend pleinement sa signification. Il faudra attendre quelque temps pour savoir les effets des réformes introduites en 2015 avec la conférence territoriale de l'action publique et le renforcement de la notion de chef de file. La région imposera-t-elle son point de vue, ou bien la contractualisation sera-t-elle réellement l'expression d'une concertation entre les collectivités territoriales[42] ? L'État pourra-t-il maintenir son rôle ou sera-t-il marginalisé ? Il n'est pas possible de répondre pour l'instant à cette question. Mais il est douteux, quel que soit le cas de figure, que les petites collectivités (les petites et moyennes communes) puissent se faire entendre et peser sur la contractualisation.

De plus, un autre facteur limitatif de l'autonomie locale intervient toujours, c'est le facteur financier. Beaucoup de formules ont été énoncées au cours de l'histoire sur ce que représente l'argent, c'est-à-dire ici la ressource publique. Il n'est pas besoin de démontrer que

---

40. L'État ne peut évidemment pas imposer directement aux collectivités territoriales un contrat type, ce qui serait contraire au principe constitutionnel de libre administration des collectivités territoriales.

41. Le ministère de la Culture, coutumier de ce genre de pratique, procède souvent ainsi avec des structures qui ont un statut de droit privé, mais dépendent largement des collectivités territoriales, par exemple avec les contrats de décentralisation dramatique, ou encore avec les « contrats territoire lecture ».

42. On peut éprouver quelques doutes à la lecture des circulaires et des instructions, par exemple l'instruction du gouvernement sur les CTAP du 10 février 2016, NOR : RDFB1532530J.

la décentralisation ne peut avoir de réalité que si les collectivités territoriales disposent de moyens financiers suffisants et adaptés, et le débat sur ce que doivent être les finances locales et les ressources dont devraient disposer ces collectivités est un débat sans fin.

Mais une chose est certaine, la difficulté rencontrée par les collectivités pour financer leurs politiques. Outre le recours à l'emprunt, qui ne résout pas tout, les collectivités territoriales ont recherché un complément de financement à travers les aides financières qui peuvent leur être attribuées et à travers la pluralité des financements. Les aides financières attendues sont souvent celles de l'État, et l'on pense immédiatement aux subventions : les collectivités territoriales versent des subventions à divers organismes (notamment des associations), et elles en attendent elles-mêmes d'autres personnes publiques, Union européenne pour certains projets et État. Les subventions ont été un instrument de la politique locale de l'État, les critères d'attribution de ces subventions ont donné lieu à de nombreuses critiques. Une telle situation n'est plus possible, car elle serait contraire au principe de libre administration, et l'on fait valoir que la globalisation et la non-affectation ont réglé le problème.

On peut cependant éprouver quelques doutes, et penser que l'État conserve un moyen d'orienter les actions, dans le cadre d'une contractualisation, par le biais de plusieurs procédés. Tout d'abord, malgré la globalisation, il subsiste certaines subventions qui demeurent un moyen pour l'État de peser sur les décisions des collectivités territoriales. Ensuite, au fil du temps, certaines dotations qui étaient globales ont eu tendance à se complexifier avec des distinctions qui ont été faites entre des parts, des concours[43], ces modalités différenciées donnant une marge de manœuvre à l'État dans l'attribution des subventions. Enfin, dans le contexte de contrainte budgétaire que

43. Une illustration très évocatrice est représentée par les dotations aux bibliothèques, le plus souvent municipales.

nous connaissons, il est facile à l'État de faire valoir qu'il est obligé de réduire ses aides, ce qui est un argument commode pour peser sur les choix des collectivités territoriales.

Celles-ci avaient développé un autre procédé pour parvenir à financer leurs interventions, qui a porté différentes dénominations et que l'on appelle désormais les financements croisés. Le principe des financements croisés est simple, même si la mise en œuvre peut se révéler compliquée : il consiste à faire appel à plusieurs financements pour une même opération, et ce qui n'était pas possible pour une collectivité avec ses seules ressources le devient en faisant appel à un multifinancement. L'inconvénient évident du procédé est qu'il suffit que l'une des collectivités fasse défaut pour que l'opération ne puisse se faire. Mais ce n'est pas cet inconvénient qui a poussé l'État à intervenir, c'est le fait – avéré, même s'il n'a pas revêtu une ampleur aussi grande que certains l'ont prétendu – de « gonfler » la dépense locale, d'être un facteur d'augmentation de la dépense publique, alors qu'il faut la limiter.

C'est cela qui a conduit les pouvoirs publics à limiter les financements croisés dans la loi RCT de 2010, le principe en ayant été conservé par la loi NOTRe. Il ne s'agit pas de reprendre les modalités, complexes, des mécanismes institués par la loi, mais d'en tirer deux observations qui sont intéressantes dans le cadre de notre sujet. D'une part, cette limitation ne vaut que pour les financements croisés entre collectivités territoriales, elle ne s'applique pas aux financements proposés à l'État par ces collectivités. Mais, du coup, cela ne peut qu'inciter ces collectivités à aller dans le sens de ce que souhaite l'État ; d'autre part, par le biais de ces limitations, l'État peut orienter l'action des collectivités territoriales dans le cas d'une contractualisation qui suppose, par définition, une pluralité d'apports financiers.

C'est là une manière assez discrète de peser sur les choix des collectivités territoriales, de les orienter dans le cadre de la contractualisation, et ce phénomène est d'autant plus préoccupant que l'encadrement de l'action publique est renforcé par le recours à d'autres procédés.

B. Le recours à d'autres instruments

Si la contractualisation est un instrument concerté de l'action des collectivités territoriales, d'autres procédés prévus par les lois et règlements peuvent avoir, sinon pour objet, du moins pour effet, un encadrement de cette action.

1. L'encadrement normatif indirect

Cet encadrement résulte particulièrement de deux procédés dont l'un est présenté comme un simple instrument de mise en cohérence des interventions et dont l'autre est l'expression du maintien de la tutelle.

a. Les schémas

Depuis quelques décennies, les pouvoirs publics ont développé un instrument qui était inconnu de l'administration du passé, celui des schémas. Il faut signaler rapidement que, là aussi, la terminologie n'est pas toujours fixée, que d'autres termes sont également utilisés et, parmi eux, il est possible de citer les « cartes », que l'on trouve dans plusieurs domaines tels que celui de l'enseignement ou encore le domaine hospitalier[44]. On s'en tiendra ici aux seuls schémas, qui concernent souvent les collectivités territoriales.

Les schémas sont un écho de la planification à la française et une expression d'une volonté de rationalisation. Du temps du plan de la nation, des schémas régionaux d'aménagement et de développement avaient été prévus. Avec la disparition de fait du plan de la nation[45] s'est posée la question du cadre dans lequel devaient s'inscrire l'action de l'État comme celle des collectivités territoriales. Pendant un temps, il a semblé qu'un schéma national pourrait faire office de

44. Sur l'ensemble de ces procédés, voir J.-M. PONTIER (dir.), *Cartes, schémas et décentralisation*, PUAM, 2000.

45. Le plan a été abandonné discrètement, presque en catimini, les pouvoirs publics ne s'étant jamais justifié de cet abandon du plan qui a ressemblé (c'est sous un gouvernement de gauche que cet abandon a eu lieu) à une retraite en rase campagne, et qui était motivé en fait par les fluctuations de l'économie mondiale retentissant de plus en plus sur l'économie nationale.

cadre de remplacement du plan, mais ce schéma national n'a jamais vu le jour. Il a été remplacé par neuf schémas de services collectifs, qui prenaient en compte aussi bien les interventions de l'État que celles des collectivités territoriales. Ces schémas ont bien été élaborés après de multiples réunions de commissions administratives avec participation du public, ils représentent plus de 1 600 pages au *JO*[46]. Mais, bien qu'entrés en vigueur officiellement, ils n'ont jamais connu le moindre commencement d'application[47]...

La politique des schémas n'a pas été abandonnée pour autant et, de manière plus modeste, les pouvoirs publics ont institué des schémas un peu dans tous les domaines. Ces schémas ne sont plus des schémas nationaux, mais des schémas régionaux, départementaux ou intercommunaux. Ce sont certes ici les collectivités territoriales qui élaborent les schémas. Mais elles sont tenues de le faire, elles ne peuvent s'y soustraire. L'établissement de ces schémas se fait presque toujours en collaboration avec l'État, lequel fait plus que donner son point de vue, parce que, de nouveau, les aides financières attribuées par l'État sont conditionnées par l'adoption de ces schémas. On trouve de tels schémas dans le domaine social comme dans le domaine culturel, notamment.

Par ailleurs, les lois ont introduit de nouvelles notions telles que la « compatibilité » ou la « prise en compte », les interventions devant, soit être compatibles avec tel ou tel schéma, soit prendre en compte celui-ci. Cet ensemble de normes, qui n'en sont pas, constitue bien une sorte de filet invisible qui, sans les enserrer, conditionne néanmoins l'action des collectivités territoriales. Il en est d'autant plus ainsi que ces notions de compatibilité et de prise en compte sont

---

46. La publication a eu lieu dans le *JO documents administratifs*, car il était impossible de publier ces schémas dans le *JO* normal.
47. Sur ces schémas, voir J.-M. PONTIER, *Les schémas de services collectifs*, LGDJ-Dexio, coll. « Politiques locales », 2003 et, du même auteur, « Faut-il oublier les schémas de services collectifs ? », *AJDA* 2005, p. 1705.

peu claires, elles peuvent largement donner lieu à interprétation. La crainte de ne pas les respecter est une limitation pour les collectivités territoriales.

Les nouveaux schémas institués par les lois récentes ne sont pas de nature à clarifier les données en ce domaine. À l'échelon régional plusieurs schémas ont été créés ou recréés par la loi, notamment la loi NOTRe. Le législateur s'est longuement étendu sur ces schémas, dont l'objectif est clairement d'organiser la complémentarité des actions menées par la région et par les collectivités territoriales. Le caractère prescriptif donné au schéma régional d'aménagement, de développement durable et d'égalité des territoires (SRADDET) soulève de nombreuses questions, mais constitue un nouvel encadrement pour les autres collectivités territoriales.

b. La tutelle par les normes

Une observation préalable s'impose, pour éviter tout risque d'incompréhension. Contrairement à ce que l'on peut entendre ici ou là et, quelquefois, lire dans des ouvrages, la tutelle de l'État sur les collectivités territoriales n'a pas été entièrement supprimée : la loi du 2 mars 1982 supprime certes la tutelle administrative et la tutelle financière[48], mais elle procède seulement à un « allègement » (terme de la loi) de la tutelle technique, l'allègement n'étant pas la suppression. La tutelle technique n'a pas été supprimée, parce que cela n'apparaissait ni possible ni souhaitable.

Le poids des normes pour les collectivités territoriales n'est pas vraiment une nouveauté. En 1979, lorsque fut déposé devant le Parlement un projet de loi de réforme des collectivités locales, projet qui n'alla pas à son terme en raison peut-être de sa dimension

48. Il s'agit d'une suppression légale, mais, au moins en ce qui concerne la dimension financière, certains auteurs se sont interrogés sur le maintien d'une certaine tutelle *de fait* sur les collectivités territoriales.

et du temps consacré aux débats au Parlement[49], le rapporteur du projet au Sénat fit valoir, dans son volumineux rapport[50], que les normes techniques appliquées aux collectivités locales étaient trop nombreuses (il les évaluait alors à plus de 10 000, uniquement pour les normes techniques). Mais, depuis cette date, la production de normes n'a fait que s'accroître, le phénomène s'est accentué.

Le problème des normes, leurs inconvénients pour les collectivités territoriales ont été perçus et reconnus par les pouvoirs publics depuis plusieurs années. Dans une circulaire du 22 décembre 2008[51], le Premier ministre déclarait que les travaux de la révision générale des politiques publiques portant sur les relations entre l'État et les collectivités territoriales avaient mis en évidence

> « l'accroissement des charges qui résulte pour ces dernières de l'inflation des textes les concernant, de la complexité croissante des procédures qu'elles doivent mettre en œuvre et du caractère parfois excessivement détaillé des règles techniques encadrant l'activité des services publics locaux ».

La conséquence, ou l'une des conséquences, de cette situation est le coût pour les collectivités territoriales de cette production de normes. La question du coût des normes est récente, autrefois on ne s'interrogeait pas sur le coût que pouvait représenter une action administrative : il suffisait de constater que celle-ci devait être engagée parce qu'elle était d'intérêt public, c'était la seule chose qui comptait. Ainsi, par exemple, la question du coût de l'enseignement, qu'il s'agisse de l'enseignement primaire, de l'enseignement secondaire ou de l'enseignement supérieur, était une question qui ne se posait pas, tout au moins pas en ces termes. Les enseignants, les syndicats,

49. Le changement de majorité politique après les élections de 1981 entraîna l'abandon du projet qui était en débat au Parlement depuis plus d'un an.

50. C'était un rapport extrêmement important, par sa dimension, à l'époque : il comportait trois volumes et plus de 1 500 pages.

51. Circulaire du Premier ministre du 22 septembre 2008 relative à la mise en place de la commission consultative d'évaluation des normes (*JO* 23 septembre 2008).

avaient tendance à penser – et continuent encore de penser, pour beaucoup – que les budgets sont insuffisants, qu'il convient d'augmenter les dotations, comme si rien n'avait changé. Or, il est légitime que la nation sache combien lui coûte l'enseignement de ses enfants, et si l'effort fait en ce sens est efficace[52]. Cela conduit nécessairement à s'interroger sur les normes applicables, sur leur « efficacité », notion sur laquelle on peut toujours s'interroger[53].

Il est possible aujourd'hui de chiffrer approximativement le coût de nouvelles normes, le coût de l'inflation normative. Selon un rapport de la Délégation aux collectivités territoriales et à la décentralisation du Sénat[54], « les 163 projets de normes de l'État qui ont donné lieu à une évaluation en 2009 représentaient plus de 580 millions d'euros [...] ; pour 2010, le coût des 176 projets évalués représentait 577 millions ». Il est naturellement toujours possible de contester de tels chiffres, mais la seule chose qui nous intéresse est le fait que l'édiction de nouvelles normes a un coût, et que ce coût semble élevé. Selon un chiffre cité dans un rapport[55], à la fin 2011 les collectivités territoriales auraient engagé quelque 2,3 milliards d'euros pour les mises aux normes imposées entre 2009 et 2011. Naturellement, les

52. Ainsi, par exemple, depuis plusieurs années les chiffres de l'OCDE mettent en évidence la discordance que l'on peut relever entre l'effort budgétaire fait par la nation pour l'enseignement secondaire, le coût d'un élève français étant l'un des plus élevés de l'OCDE, et les piètres résultats de cet enseignement.

53. Rappelons aussi qu'il convient aujourd'hui de distinguer nettement entre l'efficacité – qui est la question de savoir si l'on atteint les objectifs que l'on s'était fixés, sans prendre en considération le coût de l'action – et l'efficience, qui est la question de savoir combien l'action a « coûté », et si le coût n'est pas trop élevé, même si l'objectif a été atteint.

54. *Rapport d'information C. Belot*, Doc. Parl. Sénat, février 2011, n° 317.

55. G. GEOFFROY, *Rapport au nom de la commission des lois sur la proposition de loi relative au contrôle des normes applicables aux collectivités territoriales et à la simplification de leur fonctionnement*, Ass. Nat., 13 février 2013, n° 725.

collectivités territoriales ne sont pas seules concernées, les autres établissements publics le sont tout autant (par exemple les universités), mais ce coût, en augmentation, est préoccupant.

Une illustration particulièrement significative de ce coût est l'impact financier pour les collectivités territoriales, comme pour d'autres organismes, des décrets d'application de la loi n° 2010-788 du 12 juillet 2010 portant engagement national pour l'environnement, dite loi « Grenelle II ». Selon le président du comité des finances locales, M. Gilles Carrez, auditionné par la commission des lois du Sénat, cette loi « représenterait un "potentiel" de 173 décrets d'application ». La commission consultative pour l'évaluation des normes (CCEN) a étudié longuement les deux lois « Grenelle » et a établi un tableau récapitulatif des dépenses induites par ces lois.

Le problème normatif apparaît parfois là où on ne l'attendait pas. Ainsi, les fédérations sportives se révèlent, de manière un peu inattendue, source de normes et de coûts pour les collectivités territoriales. Cela mérite quelques explications. Le sport n'est pas, et depuis assez longtemps, en France, une affaire seulement privée. Les fédérations sportives reconnues sont l'illustration de cette catégorie désormais très banale des personnes privées chargées de la gestion d'un service public, et dont les actes peuvent donc être des actes administratifs s'ils sont pris pour l'accomplissement de la mission de service public conférée à l'organisme[56].

---

56. La jurisprudence offre un exemple qui a pu surprendre lorsque la loi est parue, mais qui est logique : est un acte administratif la décision de la Ligue nationale de football rétrogradant une association sportive (laquelle est bien connue) en deuxième division (TC 13 janvier 1992, *Association nouvelle des Girondins de Bordeaux*, *Rec. Leb.*, p. 473 ; *AJDA* 1992, p. 451, obs. J.-P. Théron ; *D.* 1993 ; *SC*, p. 345, obs. J.-F. Lachaume).

2. La fausse liberté de la contractualisation

La contractualisation est *a priori* séduisante pour les collectivités territoriales : elle présente les attraits de l'échange des consentements supposés, de l'accord librement consenti, de l'équilibre des engagements. Or, il est possible de se demander si ces apparences ne sont pas trompeuses, s'il existe véritablement une liberté du conventionnement, si la contractualisation n'est pas, d'une certaine manière, une sorte de « miroir aux alouettes ». L'État ne chercherait-il pas à « récupérer », par ce biais, un pouvoir que la plus grande autonomie des collectivités territoriales lui avait fait perdre ?

Il est difficile de répondre de manière tranchée à une telle question. L'encadrement par la contractualisation est réel, la recherche d'un assentiment par l'État aujourd'hui, par une autre collectivité territoriale demain peut-être (la région) l'est tout autant. Comment savoir où est l'équilibre ? Une illustration des ambiguïtés de la contractualisation est représentée par les contrats locaux de sécurité (CLS), largement étudiés depuis plusieurs années. Le maintien de l'ordre public est une mission de l'État, mais également des autorités locales, principalement des maires. Quoi de plus normal, dès lors, que de coordonner les efforts du premier et des secondes ? C'est à un tel objectif que répondent les contrats locaux de sécurité[57].

Quelques remarques conclusives permettent de mieux situer le débat et les enjeux et ainsi d'avoir une vue plus claire des choses.

Tout d'abord, il ne faut pas présenter la contractualisation ou le conventionnement comme la solution incontestable et inévitable à toutes les questions soulevées par l'action publique locale. Il y aurait quelque hypocrisie à affirmer que la contractualisation est la réponse moderne, adaptée, libérale, à la nécessité pour les collectivités publiques de collaborer entre elles. Elle est une réponse possible,

---

57. Voir pour un article récent A. RAINAUD, « Les contrats locaux de sécurité », *in* N. DANTONEL-COR (dir.), *Les politiques publiques locales de sécurité intérieure*, L'Harmattan, 2015, p. 225.

mais pas la seule. Il n'y a pas un « avant » qui aurait été celui de collectivités assujetties au pouvoir central, et un « après », celui d'aujourd'hui, qui serait le temps de collectivités libérées et libres de contracter comme elles le souhaitent. Toute solution présente des avantages et des inconvénients, et si les « avancées » en matière de décentralisation sont avérées, il ne faut pas pour autant en donner un tableau idyllique qui serait faux.

Ensuite, la contractualisation telle qu'elle est pratiquée en France comporte trois défauts, dont on peut se demander s'ils ne sont pas, en partie, entretenus par l'État. Le premier défaut est la multiplicité des conventions et contrats de toutes sortes dans tous les domaines. Cette exubérance est une prolifération malsaine parce qu'elle donne le sentiment aux élus locaux d'être pris dans ces rets que l'on a développés précédemment, de quelque côté qu'ils se tournent. Un deuxième défaut est la « manie » en France de changer les dénominations et les régimes juridiques applicables à tout bout de champ, et sans raison convaincante. Cela n'est pas spécifique au domaine considéré : en matière fiscale il en est de même, et l'on peut penser que mieux vaut un impôt injuste, mais stable que des changements permanents. L'instabilité des règles est un facteur de déstabilisation des personnes physiques, comme des collectivités. Un troisième défaut est, conséquence des remarques précédentes, le manque de lisibilité, de visibilité, donc de compréhensibilité des règles.

La contractualisation est plus que jamais une *« selva oscura »* dont émane une obscure clarté. À la fois expression d'un changement des relations entre l'État et les collectivités territoriales, de modes d'intervention, et de complexification des notions et des procédures, elle est un instrument dont tous les usages peuvent être faits, y compris le mésusage. Cet instrument est en constant développement et renouvellement, il est ce que l'État veut en faire. La difficulté est que précisément les intentions de l'État ne sont pas toujours claires et, plus grave, il ne semble pas que les autorités étatiques aient une intention déterminée, ce qui permettrait au moins d'en débattre. La « navigation à vue » qui semble être le mode d'action des pouvoirs publics depuis bien des années conduit les autorités à faire un usage variable de la contractualisation en fonction des circonstances et des préoccupations du moment. Mais ni la raison ni la cohérence n'y trouvent leur compte.

LA CONTRACTUALISATION DE L'ACTION PUBLIQUE LOCALE CONTRIBUE-T-ELLE À SON EFFICACITÉ OU À SA RATIONALISATION ?

par

Serge PUGEAULT

Professeur de droit public
Université de Reims Champagne-Ardenne
Directeur du CRDT – Centre de recherche Droit et Territoire (EA 3312)

L'intitulé du sujet soumis par les organisateurs du colloque consacré à « La contractualisation de l'action publique locale » suscite d'emblée la perplexité. Le traiter se heurte à une triple difficulté.

La première difficulté tient à la notion même de « contractualisation ».

Il existe en effet une grande diversité des formes de contrats susceptibles d'être conclus par l'État ou par les collectivités territoriales et leurs groupements. Depuis maintenant près de cinquante ans, le contrat est devenu un moyen privilégié de l'action publique[1].

1. « Le contrat, considéré dans le cadre des actions menées par des personnes publiques, est incontestablement à la mode » souligne Jean-Claude Ricci, dans « Le contrat au service des politiques publiques », *RFDA* 2015, p. 652 ; en 2003, déjà, Renaud Denoix de Saint Marc relevait qu'« on rencontre aujourd'hui le contrat partout dans l'administration », dans *AJDA* 2003, p. 970 et Laurent Richer évoquant l'essor du concept contractuel considérait la période 1992-2002 comme « l'époque du tout contractuel », *AJDA* 2003, p. 974.

Le phénomène est connu et a été largement analysé[2]. La reconnaissance explicite de la valeur constitutionnelle de la liberté contractuelle[3] à l'ensemble des personnes publiques par la décision du Conseil constitutionnel du 30 novembre 2006[4] n'a pu que le favoriser. Du fait de son succès, la bi ou multilatéralisation de l'action publique affecte la notion même de contrat. En recouvrant des réalités toujours plus nombreuses et diverses, le terme « contrat » est devenu polysémique, et son usage à l'évidence abusif.

La rigueur voudrait que, s'agissant de conventions conclues par ou entre des personnes publiques, le terme « contrat » soit réservé aux hypothèses dans lesquelles se trouvent en présence l'un de l'autre un créancier et un débiteur d'obligations réciproques dont l'inobservation est susceptible d'être sanctionnée. Mais tel n'est pas le cas. Il existe aujourd'hui dans le vocabulaire juridique ou institutionnel un foisonnement d'actes, qualifiés de contrat; or beaucoup sont loin de mériter ce qualificatif[5]. En faire la liste, sans être impossible, excéderait le format imposé pour cette contribution; si les contrats des collectivités publiques qui relèvent du champ de la commande publique, ceux qui ont pour objet une prestation ou qui sont relatifs à l'occupation de leur domaine public, sont aujourd'hui plutôt simples à identifier, et correspondent pour l'essentiel aux définitions « classiques » d'un contrat, beaucoup d'actes actes bi ou multilatéraux n'en présentent que des caractéristiques faibles ou partiels.

2. Y. JEGOUZO, « L'administration contractuelle en question », in *Mélanges Franck Moderne*, Dalloz, 2004, p. 543 ; IFSA, colloque du 28 novembre 2002, « L'administration contractuelle », *AJDA* 2003, p. 970.

3. J.-M. PONTIER, « La liberté contractuelle des personnes publiques », *AJDA* 2013, p. 837.

4. Cons. const. 30 novembre 2006, décision nº 2006-543DC, *Loi relative au secteur de l'énergie*, *AJDA* 2007, p. 192.

5. E. UNTERMAIER-KERLEO, « Les "contrats" entre personnes publiques sont-ils des contrats ? », *AJDA* 2013, p. 843.

On sait que dans un contrat administratif classique tout n'est pas contractuel[6]. Mais dans la masse des actes qualifiés de contrat, de convention, de pacte, de charte, etc., à l'évidence beaucoup n'ont de « contractuel » que l'apparence (dans son rapport public 2008, *Le contrat, mode d'action publique et de production de normes*, le Conseil d'État soulignait « le besoin d'introduire dans le langage juridique une gradation dans la valeur impérative de la norme conventionnelle »).

Par ailleurs dans ce même rapport le Conseil d'État relevait que

> « ...la connaissance du phénomène contractuel reste lacunaire au sein des collectivités publiques et des administrations. [...]. Aucun appareil statistique ne permet de présenter la moindre vue d'ensemble sur les contrats administratifs. Leur nombre, leur nature, leur objet, leurs caractéristiques principales, leur durée, leur incidence économique... restent pour l'essentiel inconnus ».

Notre connaissance du phénomène contractuel est limitée à ce que nous en disent les textes qui permettent de les mettre en œuvre, ou à ce que révèlent les rares contentieux portés devant la juridiction administrative. Encore l'analyse des décisions de justice se fait-elle la plupart du temps en dehors de toute contextualisation des conditions du recours au contrat, dans la méconnaissance fréquente des pièces du dossier et l'ignorance de la teneur des échanges entre les parties lors de la discussion de la convention.

Plus généralement, la réalité de la vie des collectivités publiques échappe assez largement à un observateur extérieur. Le rapport de l'Inspection générale de l'administration (l'IGA)[7], rendu public en septembre 2017, en fournit une illustration. Les auteurs de ce rapport, après de nombreux entretiens avec des représentants de l'État dans

---

6. CE Ass. 10 juillet 1996, *Cayzeele*, *AJDA* 1996, p. 732, chr. Chauvaux et Girardot.
7. IGA, *Délégation de compétences et conférence territoriale d'action publique, de nouveaux outils au service de la coopération territoriale*, rapport n° 16119R, sept. 2017.

les territoires et des élus locaux, notent, nous y reviendrons, que les « délégations de compétences sont aujourd'hui pratiquement absentes du cadre d'exercice des compétences des collectivités territoriales et des EPCI ».

Mais ils rapportent dans le même temps que les préfectures ont fait état auprès d'eux de leurs

> « difficultés à soutenir le droit face à des compromis locaux [...] résultant parfois du bon sens [...] et de la nécessité de ne pas remettre en cause des dispositifs pertinents [...], voire la continuité du service public. [...]. Entre une application strictement rigoureuse d'un droit encore en construction et parfois incertain et un laisser-faire juridique au gré des situations, les préfectures ont fait le choix d'un certain pragmatisme... »

Il y a donc ce que le droit permet, et qui n'est pas nécessairement mis en œuvre parce que jugé inadapté, et il y a ce que les acteurs publics font, ce que l'on peut nommer des formes d'accommodement raisonnable avec le droit, qui sont tolérées au nom du pragmatisme et de l'efficacité, mais dont la connaissance nous échappe pour une large part. Ces conventions sont « conclues et exécutées sous le radar contentieux », pour reprendre la formule de M. Dacosta dans ses conclusions sous l'arrêt CE 30 décembre 2014, *Société Armor SNC*, req. n° 355563.

La seconde difficulté tient au fait que la notion d'action publique locale, au centre du sujet, est elle-même incertaine. S'agit-il de viser les relations de l'État avec les collectivités territoriales et leurs groupements, et d'aborder alors le contrat comme le point de rencontre des politiques publiques nationales avec les compétences locales ? S'agit-il de façon plus restrictive d'examiner les modalités de territorialisation de l'action de l'État ? Faut-il limiter l'analyse à la seule question du contrat en tant que modalité d'exercice de leurs compétences par les collectivités territoriales et leurs groupements dans un cadre administratif largement décentralisé ?

Une dernière difficulté, enfin, moindre que les deux précédentes, tient à l'alternative à laquelle la contractualisation de l'action publique locale est réduite : le choix est-il réellement entre « efficacité » ou « rationalisation », et doit-on considérer que les deux termes s'opposent ?

Ces difficultés identifiées, dès lors que les acteurs sont multiples, les procédés contractuels nombreux, les objectifs poursuivis divers, la connaissance de la réalité du terrain d'analyse très imparfaite, traiter le sujet implique de faire des choix, c'est-à-dire d'en limiter le champ.

Dans son discours devant la Conférence nationale des territoires le 17 juillet 2017, Emmanuel Macron a souhaité un « pragmatisme collectif », indiquant que

> « partout où des grandes régions voudront contractualiser avec des départements ou des métropoles pour partager des compétences au plus près du terrain [...] nous les aiderons, nous les accompagnerons ».

Le Président de la République a appelé en outre à l'expérimentation, à l'innovation, à l'encouragement des initiatives, dès lors que l'intérêt local le justifie.

Ce dont témoigne ce discours, c'est d'un changement de paradigme dans l'approche de la répartition et de l'exercice des compétences au niveau local.

Après trente-cinq ans de décentralisation, c'est-à-dire de transfert de compétences de l'État central aux collectivités territoriales décentralisées dans un mouvement « vertical », ce qui semble désormais devoir caractériser l'organisation des compétences à l'échelon local est un mouvement plus « horizontal ». Ce mouvement conduit les collectivités territoriales et leurs groupements, dans un cadre conventionnel, à s'entendre sur l'exercice de leurs compétences.

Si, de manière générale, les contrats entre personnes publiques sont « le moyen d'instiller un peu de souplesse dans l'ordre légal des compétences », et constituent pour l'essentiel des « contrats de compétences »[8], cette fonction est particulièrement présente s'agissant des contrats entre collectivités locales.

Il apparaît donc pertinent d'aborder la question de la contractualisation de l'action publique locale dans ce cadre restreint, appelé manifestement à se développer, des conventions entre les collectivités territoriales (et/ou leurs groupements).

Dans son arrêt d'assemblée du 30 décembre 2014, *Société Armor SNC/Département de la Charente-Maritime*, le Conseil d'État a précisé les règles qui s'appliquent lorsqu'une collectivité territoriale ou un établissement public de coopération intercommunale (EPCI) entendent présenter leur candidature à un contrat de la commande publique. Dans cet arrêt le juge administratif a précisé que l'application de ces règles se fait « sans préjudice des coopérations que les personnes publiques peuvent organiser entre elles, dans le cadre de relations distinctes de celles d'opérateurs intervenant sur un marché concurrentiel ».

Il soulignait ainsi une première distinction qui s'impose entre la contractualisation de l'action des collectivités territoriales et de leurs groupements qui s'exerce dans le champ du droit de la commande publique (les contrats sont alors « saisis par le droit de la concurrence », selon la formule de C. Maugüe, *AJDA* 2003, p. 981) et les formes conventionnelles de coopération horizontale qui y échappent.

Au sein de celles-ci, une place particulière doit par ailleurs être faite aux conventions qui apparaissent en réalité comme des modes de répartition des compétences entre les personnes publiques.

8. J.-D. DREYFUS, « Contrats administratifs entre personnes publiques et théorie générale des contrats administratifs », *AJDA* 2013, p. 846.

I. Les conventions entre les collectivités territoriales et leurs groupements qui relèvent du droit de la commande publique

En droit communautaire, dès 1992, la directive 92/50/CEE du 18 juin 1992 portant coordination des procédures de passation des marchés publics de service a précisé que ses dispositions devaient s'appliquer, s'agissant notamment des procédures de publicité et de mise en concurrence, aux contrats conclus entre un pouvoir adjudicateur et un prestataire de services, celui-ci pouvant être toute personne physique ou morale « y inclus un organisme public qui offre des services » (art. 1er, c, de la directive).

Le fait qu'un contrat soit conclu entre personnes publiques ne permettait donc pas de le soustraire *de facto* au champ d'application du droit communautaire.

Cependant la question restait discutée en droit interne de la possibilité pour une personne publique d'être candidate à un marché public ou à une délégation de service public d'une autre personne publique.

Elle n'a été clairement tranchée par le Conseil d'État que dans son avis du 8 novembre 2000, *Société Jean-Louis Bernard consultants* (req. nº 222208). Dans cet avis, le juge administratif précise en effet qu'« aucun texte ni aucun principe n'interdit, en raison de sa nature, à une personne publique, de se porter candidate à l'attribution d'un marché public ou d'un contrat de délégation de service public ».

Sa jurisprudence ultérieure a permis au Conseil d'État de préciser les conditions dans lesquelles les collectivités territoriales (et leurs groupements) peuvent présenter leur candidature à un contrat de la commande publique (ainsi que les modalités de cette candidature).

Dans l'arrêt d'assemblée du 30 décembre 2014, *Société Armor SNC* (requête nº 355543) ci-dessus évoqué, le Conseil d'État a ainsi, sur le principe de la candidature, adopté le considérant suivant :

> « Hormis celles qui leur sont confiées pour le compte de l'État, les compétences dont disposent les collectivités territoriales ou leurs établissements publics de coopération s'exercent en

> vue de satisfaire un intérêt public local ; [...] aucun principe ni aucun texte ne fait obstacle à ce que ces collectivités ou leurs établissements publics de coopération se portent candidats à l'attribution d'un contrat de commande publique pour répondre aux besoins d'une autre personne publique, ils ne peuvent légalement présenter une telle candidature que si elle répond à un tel intérêt public, c'est-à-dire si elle constitue le prolongement d'une mission de service public dont la collectivité ou l'établissement public de coopération a la charge, dans le but notamment d'amortir des équipements, de valoriser les moyens dont dispose le service ou d'assurer son équilibre financier, et sous réserve qu'elle ne compromette pas l'exercice de cette mission. »

Abandonnant ainsi la solution qu'il avait adoptée dans un arrêt précédent du 10 juillet 2009, *Département de l'Aisne* (req. n° 324156) le Conseil d'État exige d'une collectivité territoriale qu'elle justifie d'un intérêt public local pour présenter sa candidature à un contrat de la commande publique.

Cet intérêt public local n'est pas exactement celui qui fonde l'exercice par une commune d'une compétence au titre de la clause générale de compétences dont elle continue à disposer. Il est ici d'une autre nature. Son existence est consacrée dès lors que « la candidature est le prolongement d'une mission de service public dont la collectivité ou l'EPCI a la charge ». La capacité juridique des collectivités territoriales et de leurs groupements à se porter candidats à un contrat de la commande publique est donc en lien avec leur pouvoir d'organisation et de gestion des services publics.

Il doit s'agir, pour ces collectivités et leurs groupements, de valoriser un service public existant, et non de créer une activité dans le seul objet de répondre à un besoin d'une autre personne publique. La position adoptée ici par le juge administratif rejoint celle qu'avait précédemment exprimée sa section des travaux publics dans un avis *Diversification des activités d'EDF/GDF*, n° 356089 du 7 juillet

1994, à propos de la diversification des activités d'un établissement public. Tout en soulignant dans cet avis que le principe de spécialité des établissements publics

> « signifie que la personne morale, dont la création est justifiée par la mission qui lui a été confiée, n'a pas de compétence au-delà de cette mission. Il n'appartient pas à l'établissement d'entreprendre des activités extérieures à cette mission ou de s'immiscer dans de telles activités »,

il avait ajouté que ce principe ne s'oppose pas à ce qu'un établissement public se livre à d'autres activités économiques que celles qui lui ont été confiées. Il y avait mis cependant une « double condition » : d'une part que ces activités soient

> « techniquement et commercialement le complément normal de sa mission statutaire principal »,

d'autre part, qu'elles soient

> « à la fois d'intérêt général et directement utile à l'établissement public notamment par son adaptation à l'évolution technique, aux impératifs d'une bonne gestion des intérêts confiés à l'établissement, le savoir-faire de ses personnels, la vigueur de sa recherche et la valorisation de ses compétences, tous moyens mis au service de son objet principal ».

De la même manière, dans l'arrêt du 30 décembre 2014, le but exclusif de la candidature d'une collectivité territoriale ou d'un groupement de collectivités est notamment, précise le Conseil d'État, « d'amortir des équipements, de valoriser les moyens dont dispose le service ou d'assurer son équilibre financier »...

Autrement dit, au regard du sujet traité, le contrat qui est conclu intervient uniquement pour favoriser ou rentabiliser l'exercice d'une mission de service public, en résumé, dans un objectif de rationalisation de cet exercice. Il permet ainsi à une collectivité publique d'intervenir « au service » d'une autre collectivité, sans que le cadre territorial de l'exercice de ses compétences y fasse obstacle et sans que la répartition des compétences entre les collectivités ne soit modifiée par la conclusion du contrat.

II. Les formes conventionnelles de coopération entre les collectivités territoriales et leurs groupements qui échappent au droit de la commande publique

Au titre des « exclusions applicables aux relations internes au secteur public », l'article 18 de l'ordonnance n° 2015-899 du 23 juillet 2015 relative aux marchés publics dispose que celle-ci

> « n'est pas applicable aux marchés publics par lesquels les pouvoirs adjudicateurs, y compris lorsqu'ils agissent en qualité d'entité adjudicatrice, établissent ou mettent en œuvre une coopération dans le but de garantir que les services publics dont ils ont la responsabilité sont réalisés en vue d'atteindre les objectifs qu'ils ont en commun lorsque les conditions suivantes sont réunies : 1° La mise en œuvre de cette coopération n'obéit qu'à des considérations d'intérêt général ; 2° Les pouvoirs adjudicateurs concernés réalisent sur le marché concurrentiel moins de 20 % des activités concernées par cette coopération… »

L'article 17 de l'ordonnance n° 2016-65 du 29 janvier 2016 relative aux contrats de concession comporte des dispositions identiques, s'agissant de ces contrats. En outre, l'article 58 de l'ordonnance introduit un article L. 1410-2 dans le Code général des collectivités territoriales (CGCT) dont le II dispose expressément que ses dispositions ne sont pas applicables *(b)* « aux conventions de coopération conclues entre les collectivités territoriales, leurs groupements ou leurs établissements publics au sens de l'article 17 de l'ordonnance du 29 janvier 2016… »

Ces dispositions des ordonnances marchés publics et contrats de concession sont la transcription fidèle respectivement des articles 12, 4°, de la directive 2014/24/UE du 26 février 2014 relative à la passation des marchés publics et 17, 4°, de la directive 2014/23/UE du 26 février 2014 sur l'attribution des contrats de concession.

L'article 12, 4°, de la directive 2014/24/UE du 26 février 2014 relative à la passation des marchés publics (et dans des termes identiques l'article 17, 4°, de la directive 2014/23/UE du 26 février 2014 relative aux contrats de concession) prévoit en effet que

> « un marché conclu exclusivement entre deux pouvoirs adjudicateurs ou plus ne relève pas du champ d'application de la présente directive, lorsque toutes les conditions suivantes sont réunies : *a)* le marché établit ou met en œuvre une coopération entre les pouvoirs adjudicateurs participants dans le but de garantir que les services publics dont ils doivent assurer la prestation sont réalisés en vue d'atteindre les objectifs qu'ils ont en commun ; *b)* la mise en œuvre de cette coopération n'obéit qu'à des considérations d'intérêt public et *c)* les pouvoirs adjudicateurs participants réalisent sur le marché concurrentiel moins de 20 % des activités concernées par la coopération ».

Tant les directives que les ordonnances qui les transposent consacrent ainsi les principes qu'avait dégagés la Cour de justice de l'Union européenne (CJUE).

Dans un arrêt du 9 juin 2009 (CJCE 9 juin 2009, *Commission c/ Allemagne*, aff. C-480/06, *Rec. CJCE* 2009, I, p. 04747 ; *JCP A* 2009, p. 2248, note F. Lichère et F. Linditch), dit *« Hambourg »*, la Cour avait en effet admis qu'un contrat entre autorités publiques ne se situe pas dans le champ du droit communautaire dès lors qu'il a été conclu par celles-ci sans participation d'une partie privée, et qu'il s'agit pour elles d'accomplir en collaboration des tâches d'intérêt public, sans autres flux financiers entre les parties que ceux constitués du remboursement des prestations fournies.

Ultérieurement dans un arrêt du 19 décembre 2012, *ASL* (CJUE, gde ch., 19 décembre 2012, aff. C-159/11, *Azienda Sanitaria Locale (ASL) di Lecce*) la Cour avait précisé (cons. 40) que

> « le droit de l'Union en matière de marchés publics s'oppose à une réglementation nationale qui autorise la conclusion, sans appel à la concurrence, d'un contrat par lequel des entités publiques instituent entre elles une coopération lorsque [...] un tel contrat n'a pas pour objet d'assurer la mise en œuvre d'une mission de service public commune à ces entités, qu'il

> n'est pas exclusivement régi par des considérations et des exigences propres à la poursuite d'objectifs d'intérêt public ou qu'il est de nature à placer un prestataire privé dans une situation privilégiée par rapport à ses concurrents »,

principes réaffirmés par un arrêt postérieur du 13 juin 2013, *Piepenbrock*[9].

Les dispositions du CGCT qui prévoient de nombreuses formules de coopération contractuelle entre personnes publiques, État, collectivités territoriales et EPCI disposent ainsi désormais d'un fondement juridique consolidé[10].

Parmi ces dispositions, l'on peut citer les ententes intercommunales de l'article L. 5221-1 du CGCT, les ententes interdépartementales de l'article L. 5411-1 et les conventions des articles L. 5111-1 et suivants du même code. L'on peut y ajouter l'article L. 5215-27 du CGCT qui permet la conclusion de véritables conventions de prestation de service entre communautés urbaines et collectivités territoriales ou établissements publics, et l'article L. 5216-7-1 du même code qui a étendu cette possibilité aux communautés d'agglomération.

Entre certaines de ces formules de coopération contractuelle et des contrats relevant de la commande publique, la frontière est parfois ténue.

Ainsi les ententes intercommunales de l'article L. 5221-1 du CGCT peuvent conduire à ce qu'une collectivité publique confie la gestion d'un service public relevant de sa compétence à une autre collectivité publique, comme l'a illustré l'arrêt du Conseil d'État *Commune de Veyrier-du-Lac* du 3 février 2012[11]. Si dans cet arrêt, antérieur aux directives communautaires, mais dans la ligne de la jurisprudence de

---

9. CJUE, 13 juin 2013, aff. C-386/11, *Piepenbrock Dienstleistungen*.

10. Sur la problématique de la coopération entre personnes publiques, voir Ph. Terneyre, « L'avenir de la coopération entre personnes publiques : un avenir réel, mais limité », *RFDA* 2014, p. 407.

11. *AJDA* 2012, 239 et 555, note L. Richer ; *AJCT* 2012, p. 205, obs. S. Hul ; *RTD eur.* 2012, p. 940, obs. E. Muller.

la CJUE, le Conseil a admis que l'entente pouvait être conclue hors les règles de la commande publique, c'est dans la mesure (et la limite) où elle ne permettait pas « une intervention à des fins lucratives de l'une de ces personnes publiques, agissant tel un opérateur sur un marché concurrentiel ».

De la même manière, il a été admis[12] qu'une entente interdépartementale de l'article L. 5411-1 du CGCT permet à des départements de « s'associer pour gérer en commun des services publics administratifs ».

Mais si la frontière est ténue, la logique de la coopération contractuelle n'est pas celle de la commande publique. Lorsque des personnes publiques coopèrent, même s'il s'agit pour l'une de rendre un service à l'autre, il s'agit toujours pour elles d'agir de façon solidaire pour résoudre en commun des problèmes complexes, d'optimiser l'utilisation d'un équipement sans en tirer de profit particulier, de faire bénéficier de leur expertise ou de leur savoir-faire une autre collectivité, se limitant au remboursement de leurs frais... À cet égard, la coopération contractuelle contribue de façon évidente à rendre l'action publique plus efficace.

Elle ne se limite pas aux seules hypothèses expressément énoncées par le CGCT.

Ainsi le pacte État-métropoles signé le 6 juillet 2016 entre le Premier ministre et les présidents des métropoles a prévu la finalisation de quinze projets métropolitains (autant que de métropoles signataires à cette date) pour la fin 2016 devant conduire à la signature d'un document contractuel pour chacune des métropoles. Chaque « pacte métropolitain » doit être composé de deux volets, le premier qualifié de « pacte métropolitain d'innovation » (ou PMI) portant sur

12. CAA Marseille 21 janvier 1999, *Département des Pyrénées-Orientales*, nº 96MA11805.

les projets innovants des métropoles, le second de « contrat(s) de coopération métropolitaine » (ou CCM) centré sur les projets de coopération des métropoles avec leurs territoires proches.

Selon le dossier de presse diffusé à l'occasion de cette signature, il s'agit « de transformer un statut (celui de métropole) en contrat ». S'agissant en particulier des CCM, l'objectif est que la croissance des métropoles profite aux territoires « situés au-delà de leurs frontières, qui contribuent également au développement métropolitain ».

Il est particulièrement intéressant de relever que chaque CCM constitue un contrat dans le contrat. C'est en effet dans le cadre d'un « contrat » conclu avec l'État (le « pacte ») que les métropoles concluent ces contrats de coopération avec leurs territoires proches. Juridiquement, l'unique fondement de ces CCM semble être le contrat principal signé avec l'État. Localement ces contrats portent des appellations diverses, et si l'une des parties signataires est toujours une métropole, l'autre peut être une collectivité publique au statut variable. Bordeaux Métropole a par exemple signé un « contrat de coopération métropolitaine » avec le Syndicat du SCoT de l'aire métropolitaine bordelaise (le Sysdau).

Parallèlement, certaines métropoles nouent directement entre elles des relations conventionnelles. Montpellier Méditerranée Métropole et Toulouse Métropole ont ainsi conclu un « accord-cadre de partenariat » qui a pour objet d'établir entre les deux métropoles, qui appartiennent à la même région, des positions communes dans leurs relations avec l'État et avec la région, et de mettre en œuvre des coopérations dans différents domaines (mobilité, développement économique, développement durable, tourisme, etc.).

Il ne s'agit ici ni de fournitures de prestation entre collectivités ni d'organisation de compétences. Il s'agit d'organiser entre territoires voisins et interdépendants un cadre de dialogue et de développement des coopérations, de dépasser la logique des frontières administratives pour l'exercice par chaque collectivité de ses compétences.

Ainsi la coopération, à la différence de la prestation de services, implique la poursuite d'objectifs communs par les parties, sans qu'aucune d'elles ne cherche à réaliser un profit financier, même si chacune y trouve un intérêt, qui peut être indifféremment la recherche d'une action plus efficace, plus rationnelle, plus équitable… Elle permet aux collectivités publiques des économies d'échelle d'autant plus recherchées que les contraintes budgétaires sont fortes. Elle est une alternative à la coopération institutionnelle au sein d'EPCI ou de syndicats, lorsque celle-ci n'est pas possible ou pas souhaitée. Son caractère réversible rassure (même si, dès lors qu'il s'agit de contrats échappant au droit de la commande publique, leur durée n'est pas obligatoirement limitée ; en ce sens, CE 24 novembre 2008, *Syndicat mixte des eaux et de l'assainissement de la région du Pic-Saint-Loup*, req. n° 290540), sa forme contractuelle également qui ménage la liberté des parties et les place sur un pied d'égalité.

III. Le contrat comme modalité de répartition des compétences entre les collectivités territoriales et leurs groupements

Le contrat est devenu une modalité de répartition des compétences entre collectivités territoriales[13].

C'est initialement l'article 73-V de la loi n° 2010-1563 du 16 décembre 2010 de réforme des collectivités territoriales qui a généralisé un dispositif de délégation de compétences entre collectivités territoriales. Un tel dispositif n'existait jusque-là que dans les domaines particuliers de l'action sociale ou des transports scolaires, ou permettait aux EPCI d'exercer, par voie de convention, au nom ou pour le compte du département ou de la région tout ou partie des compétences dévolues à l'une ou l'autre de ces collectivités (art. L. 5210-4 du CGCT).

13. Sur ce point, voir J.-F. SESTIER, « La coopération contractuelle comme alternative à la coopération institutionnelle », *AJDA* 2013, p. 859.

L'article 73-V de la loi du 16 décembre 2010 a été codifié à l'article L. 1111-8 du CGCT. Selon les dispositions de cet article,

> « une collectivité territoriale peut déléguer à une collectivité territoriale relevant d'une autre catégorie ou à un établissement public de coopération intercommunale à fiscalité propre une compétence dont elle est attributaire. Les compétences déléguées en application de l'alinéa précédent sont exercées au nom et pour le compte de la collectivité territoriale délégante. Cette délégation est régie par une convention qui en fixe la durée et qui définit les objectifs à atteindre et les modalités du contrôle de l'autorité délégante sur l'autorité délégataire. Les modalités de cette convention sont précisées par décret en Conseil d'État ».

Comme le souligne Bertrand Faure[14], « les délégations n'ont cessé d'être encouragées par souci de simplification administrative pour mettre fin à des situations d'imbrication des compétences que la décentralisation a exagérément développées ». Elles constituent l'une des « modalités de rationalisation de l'action publique »[15].

Les conventions de l'article L. 1111-8 du CGCT échappent au droit de la commande publique. Sur ce point, l'article L. 1410-2, I, du CGCT introduit par l'article 58 de l'ordonnance du 29 janvier 2016 sur les contrats de concession précise que « les délégations de compétences définies aux articles L. 1111-8 et L. 1111-8-1 et les transferts de compétences prévus à la cinquième partie du présent code ne sont pas des contrats de concession au sens de l'ordonnance… ».

Mais le dernier train législatif de réformes de l'administration territoriale, avec en particulier la loi n° 2014-58 du 27 janvier 2014 de modernisation de l'action publique locale et d'affirmation des

14. B. FAURE « La banalisation du statut de métropole », *RFDA* 2017, p. 637.

15. Instruction du gouvernement du 22 décembre 2015 relative aux incidences de la suppression de la clause de compétence générale des départements et des régions sur l'exercice des compétences des collectivités territoriales.

métropoles (loi MAPTAM) et la loi n° 2015-991 du 7 août 2015 portant nouvelle organisation territoriale de la République (loi NOTRe), a amplifié le recours au procédé contractuel.

L'étude d'impact de la loi MAPTAM précisait ainsi que

> « le dialogue entre les collectivités territoriales et l'État et entre les collectivités territoriales, condition d'une action publique efficiente, doit être renforcé dans un esprit de confiance. Une articulation plus efficace, plus claire, et moins coûteuse des compétences des différents niveaux de collectivités passe par des modalités d'organisation négociées entre les collectivités et davantage adaptées à la diversité des territoires. »

Dans cet objectif, la loi MAPTAM a d'abord ajouté un article L. 1111-8-1 au CGCT, élargissant le dispositif de délégation de compétences jusque-là prévu pour les collectivités territoriales et les EPCI à l'État. Sauf lorsque sont en cause des intérêts nationaux, précise l'article L. 1111-8-1 du CGCT, « l'État peut déléguer par convention à une collectivité territoriale ou à un EPCI à fiscalité propre qui en fait la demande l'exercice de certaines de ses compétences ».

Elle a par ailleurs institué dans chaque région une « conférence territoriale de l'action publique » (CTAP) conçue comme l'espace privilégié de la concertation entre les collectivités territoriales, leurs groupements et établissements publics, pour favoriser un exercice concerté de leurs compétences.

Pour les compétences mentionnées à l'article L. 1111-9 du CGCT, dont l'exercice nécessite le concours de plusieurs collectivités ou groupements, une collectivité est désignée chef de file. Ce chef de file, outre ses compétences propres doit « organiser les modalités de leur action commune » (art. L. 1111-9), et il lui revient d'élaborer un projet de convention, dite convention territoriale concertée d'exercice d'une compétence, fixant « les objectifs de rationalisation et des modalités de l'action commune pour chacune des compétences concernées » (art. L. 1111-9-1-V du CGCT). L'objectif de rationalisation est ici clairement affirmé par la loi.

Parallèlement la loi MAPTAM a institué les métropoles dont une part des compétences est d'origine conventionnelle.

L'article L. 5217-2 du CGCT impose en effet à la métropole de conclure avec le département, par convention, soit un transfert, soit une délégation de compétence dans un groupe de huit compétences mentionnées à cet article. La liberté contractuelle des parties est ici très encadrée : si aucune convention n'est intervenue au 1er janvier de la deuxième année qui suit la création de la métropole, portant au moins sur trois des groupes de compétences listées, la totalité des compétences est transférée à la métropole.

L'article L. 5217-2 du CGCT institue par ailleurs une faculté de conventionnement de la métropole avec l'État. C'est à la demande de la métropole que l'État peut déléguer à celle-ci (qui les exercera en son nom et pour son compte), certaines compétences, notamment en matière de logement.

Enfin le même article prévoit la possibilité pour une métropole de conclure une convention avec la région à laquelle elle appartient. Soit à la demande de la métropole, soit à la demande de la région, celle-ci peut confier à la métropole des compétences en matière de développement économique.

Avec la loi MAPTAM la convention est donc partout. Elle permet la constitution de métropoles « à la carte ». Plus largement, au travers du mécanisme des articles L. 1111-8 et L. 1111-9 du CGCT, elle autorise un aménagement de l'exercice de leurs compétences par les collectivités territoriales et leur groupement.

La convention est alors l'instrument d'une auto-organisation des compétences par les collectivités, d'une redistribution des compétences au-delà ou en marge de la loi.

Cependant, le rapport de l'IGA ci-dessus mentionné aboutit à des conclusions pour le moins mitigées en ce qui concerne le bilan des dispositions des lois MAPTAM et NOTRe, s'agissant des délégations ou transferts de compétences entre collectivités publiques et les conditions de mise en place et de fonctionnement des conférences territoriales de l'action publique.

***
*

Il apparaît aux termes de ce rapport que les collectivités territoriales ou leurs groupements ne se sont pas encore « appropriés » les outils mis à leur disposition par la loi MAPTAM, qu'elles les considèrent avec une certaine méfiance. De manière générale, la délégation de compétences est un dispositif très peu utilisé (à l'exception peut-être de la délégation des aides à la pierre) ; lorsque les collectivités publiques ont le choix entre délégation et transfert de compétences (s'agissant des conventions entre métropoles et départements), elles choisissent plutôt la solution du transfert, toujours *a minima* (c'est-à-dire en se limitant à trois compétences parmi les huit possibles). En fait lorsqu'une délégation de compétences intervient, c'est généralement pour une circonstance précise : mode transitoire de gestion d'une compétence transférée (cas des transports), maintien partiel d'une compétence qu'une collectivité ne détient plus (immobilier d'entreprises, par exemple).

Selon les auteurs du rapport de l'IGA le peu de succès de la délégation de compétences tiendrait au fait que celle-ci est comprise comme un mécanisme de sujétion d'une autorité sur une autre dans la mesure où elle ne permet pas une véritable collaboration entre collectivités placées sur un pied d'égalité (le fait que la délégation soit exercée « au nom et pour le compte » d'une autre collectivité et « sous la surveillance et la responsabilité » de celle-ci serait à cet égard dissuasif). De la même manière, le peu de succès des délégations de compétences entre l'État et les régions ou les métropoles témoigne de ce que les collectivités n'aspirent pas à se voir déléguer plus de compétences de la part de l'État.

Sans doute faut-il laisser « du temps au temps » ; la succession rapide de textes, parfois contradictoires (les allers-retours sur la disparition de la clause générale de compétence ont laissé des traces…) a déstabilisé le paysage institutionnel local. Avant de songer à se déléguer des compétences, hors les cas où la loi les y oblige, les collectivités et leurs groupements doivent d'abord s'approprier celles que les textes leur attribuent, et les exercer dans des frontières qui fréquemment ont été modifiées.

Par ailleurs un observateur extérieur, à la recherche d'un « jardin à la française » de l'organisation territoriale pourrait trouver paradoxal et contradictoire avec l'un des objets de la loi n° 2015-991 du 7 août 2015 portant nouvelle organisation territoriale de la République (loi NOTRe) le développement de la contractualisation en matière d'organisation des compétences. En effet, par la suppression de la clause générale de compétence pour le département et la région, par la clarification des compétences des différents échelons, c'est bien une entreprise de « rationalisation » de l'exercice des compétences qui a été poursuivie. Or que clarifie-t-on et que rationalise-t-on quand par le biais des conventions de délégation et de transfert de compétence, ou grâce aux accommodements avec la loi que pratiquent les collectivités, des compétences sorties par la porte de la loi reviennent par la fenêtre de la convention ?

Si l'objection peut être entendue, en réalité c'est l'objectif d'une répartition figée et uniforme des compétences qui est une illusion.

Dans sa postface à l'ouvrage *Un nouveau système territorial ?* (Berger-Levrault, 2017) Jean-Pierre Balligand souligne fort justement que

> « notre approche verticale de l'organisation territoriale est désuète. La modernité (et le progrès technologique qui la caractérise) nous oblige à dessiner entre les acteurs institutionnels des liens, des connexions, des concentrateurs, des *hubs*, des répartiteurs. Point de hiérarchies dans cette affaire, mais sans doute les ingrédients pour réinventer une utopie territoriale » (p. 185).

La contractualisation de l'action des personnes publiques locales, entre elles ou avec l'État, pour ancienne qu'elle soit, apparaît à l'évidence, dans cette perspective, comme un instrument essentiel de cette nouvelle horizontalité. Le contrat est le moyen de répondre au défi du caractère figé des découpages territoriaux au regard de la mobilité des échanges, comme il est le moyen de surmonter la complexité des enchevêtrements de compétences des personnes publiques.

L'État est la seule personne publique dont le territoire fournisse un cadre pertinent pour l'exercice de ses compétences. Rechercher une pertinence équivalente pour les autres personnes publiques est poursuivre une chimère. Peu importent la dimension des collectivités territoriales ou de leurs groupements, ou la liste de leurs compétences, dès lors que ces acteurs publics locaux disposent de la faculté, par la voie conventionnelle, d'adapter l'exercice de ces compétences à des réalités locales mouvantes ; il en résulte sans doute de la diversité et donc de la complexité. Mais il est peu douteux que l'action publique en ressorte plus efficace et plus rationnelle…

Partie II

LES RAPPORTS CONTRACTUELS COMPLEXES ENTRE LES DIFFÉRENTS ACTEURS PUBLICS

LA CONTRACTUALISATION ENTRE L'ÉTAT ET LES COLLECTIVITÉS TERRITORIALES : UN PARTENARIAT TOUJOURS INÉGALITAIRE ?

par

Dario DEGBOE

Docteur en droit public

La formulation du sujet repose sur un parti pris. L'objet d'étude n'est donc pas neutre pour l'élaboration de la réponse qui sera proposée. Ce présupposé doit être explicité d'abord et traité comme une simple hypothèse ensuite. Il sera enfin passé au crible des concepts, du droit, puis de la pratique, pour être validé, infirmé, mais plutôt assorti de nuances. Cette opération de vérification-questionnement de l'objet d'étude est un préalable : « La contractualisation entre l'État est les collectivités territoriales est-elle un partenariat toujours inégalitaire ? »

Le concept de « contractualisation » est le cœur des réflexions que nous menons aujourd'hui. Les précédents intervenants ont sans doute dit l'essentiel de l'appréhension conceptuelle de la contractualisation et révélé les distinctions terminologiques et nuances existant entre plusieurs notions parfois utilisées comme synonymes. Il n'est donc pas utile de consacrer des développements substantiels à la définition de la contractualisation, si ce n'est par exigence méthodologique. On précisera donc de façon liminaire que la contractualisation désigne à la fois une méthode et des instruments.

Bien qu'on les rattache à la décentralisation formalisée principalement par les actes I en 1982 et II en 2003, les premières expériences de la contractualisation moderne en France remontent aux années 1970, tel que l'a démontré Jean-Pierre Gaudin[1]. Toutefois, la méthode s'est développée et, dans une certaine mesure, banalisée depuis 1982. Elle consiste à donner la préférence à la négociation, à la discussion, pour la gouvernance et la conduite de l'action publique. De ce point de vue, la contractualisation est présentée sous l'angle de la nouveauté, par contraste avec l'ancienne approche plus verticale. Dans la même logique, la contractualisation est aussi un instrument : des actes conventionnels se substituent à l'acte unilatéral. C'est dans l'esprit de la décentralisation qu'une action publique concertée entre les acteurs locaux et nationaux mette fin au tropisme centralisateur qui prévalait. La contractualisation a contribué à l'évolution des rapports entre l'État et les collectivités territoriales (définies à l'article 72 de la Constitution : les collectivités, les départements, les régions, les collectivités à statut particulier, les COM régies par l'article 74 et toute autre collectivité créée par la loi). Elle a sinon impulsé, du moins accompagné, la transformation de l'État, la mutation de son rôle et de ses missions.

La contractualisation est de plus en plus scrutée à l'aune des réformes législatives qui, redessinant la carte de nos territoires, tâtonnent entre le rétablissement et la suppression de la CGC pour les départements et les régions… Combinés à l'accroissement de la contractualisation, ces revirements législatifs n'auraient-ils pas des répercussions sur la libre administration des collectivités territoriales, sur sa teneur pratique ? Ce procédé ne servirait-il pas à une recentralisation organisée par l'État, au rétablissement d'une forme de tutelle administrative, ou à une immixtion dans les compétences transférées

1. J.-P. GAUDIN, « La contractualisation des rapports entre l'État et les collectivités territoriales », *Annuaire des collectivités locales*, CNRSéditions, 2004, n° 1, p. 215-234.

aux collectivités ? La contractualisation préserve-t-elle la liberté contractuelle des collectivités ? Telles sont brièvement résumées quelques interrogations qui ont sans doute motivé le choix du sujet.

La contractualisation, qui n'est pas l'apanage de l'État et des collectivités territoriales, serait [et le conditionnel est de rigueur ici !] inégalitaire lorsqu'elle est organisée entre les acteurs précités. L'argument de l'inégalité a fait florès. On le retrouve sous la plume de nombreux auteurs, spécialistes du droit des collectivités territoriales et du droit administratif.

Cette inégalité semble évidente sur un plan purement juridique (I). Le déséquilibre ressort notamment de l'analyse des rapports contractuels que l'État entretient avec les collectivités territoriales. Toutefois, en se fiant aux objectifs initiaux, la contractualisation paraît plus équilibrée (II). Cela est remarquable lorsqu'on adopte une approche politique et managériale.

I. Une inégalité juridique évidente

L'inégalité désigne en l'occurrence une disproportion, un écart entre l'État et les collectivités territoriales. Dans ce premier sens, l'inégalité est un truisme, puisqu'elle renvoie à l'ontologie de l'État et de la décentralisation en France. Il existe une hiérarchie entre l'État et les collectivités territoriales (A), cela influe sur le rapport qui les lie (B).

A. Une hiérarchie ontologique, une inégalité non consubstantielle

Les principes supérieurs, c'est-à-dire constitutionnels, qui fondent cette idée sont : la souveraineté, l'État unitaire, l'indivisibilité de la République et l'organisation décentralisée.

L'État est l'entité souveraine et la décentralisation a été voulue par lui. En France, la centralisation a d'ailleurs précédé la décentralisation qui est une forme d'organisation du territoire. La « hiérarchie entre le créateur et son œuvre », pour utiliser une formule imagée, est incontestable. D'autant que la décentralisation administrative a été construite sur un modèle unilatéral et asymétrique. Les actes normatifs (législatifs et réglementaires) régissant la décentralisation, ceux qui organisent les transferts de compétences aussi, sont l'expression de la volonté de l'État unitaire. Les collectivités ne peuvent conclure des contrats qu'en tant que l'État les y a autorisés, notamment par la loi.

Le Conseil constitutionnel l'a indiqué dans la décision n° 83-160 DC, « aucun principe ou règle de valeur constitutionnelle ne s'oppose à ce que l'État passe des conventions avec les diverses collectivités territoriales » ; si ces conventions puisent leur force obligatoire dans la loi en vigueur, elles « ne peuvent avoir ni pour objet ni pour effet de restreindre l'exercice des compétences conférées au législateur par la Constitution »[2]. En tenant compte de la nature des acteurs, de leur essence, rappelés par le juge constitutionnel dans cette décision, le rapport contractuel entre l'État et les collectivités ne peut qu'être inégalitaire. Il serait vain d'entreprendre de le réfuter. On pourrait s'en tenir à cela, mais la formulation du sujet impose d'aller au-delà.

En a-t-il cependant « toujours » (*sic*) été ainsi ? Puisque le sujet suggère que, ou questionne si le rapport a « toujours été inégalitaire ». L'histoire livre une réponse plus nuancée. Si le concept de « décentralisation » n'est apparu qu'au XIXe siècle, les auteurs de l'*Histoire de la décentralisation*[3] ont parfaitement démontré qu'un rapport contractuel entre l'autorité centrale et les organisations territoriales a précédé le lien statutaire. Ce fut, certes de façon anachronique, dans la société féodale à une époque où la formation de l'État moderne (XVIe siècle) n'était pas achevée. À cette époque, les groupes d'habitants dans les territoires se faisaient reconnaître des droits par des seigneurs locaux qui, eux-mêmes, entretenaient des liens similaires avec le pouvoir royal. Tous ces rapports étaient régis

2. Cons. const, déc. n° 83-160 DC du 19 juillet 1983.

3. Le terme « décentralisation » n'apparaît ainsi qu'au XIXe siècle, voir ainsi : P. BODINEAU et M. VERPEAUX, *Histoire de la décentralisation*, 2e éd., PUF, 1997, coll. « Que sais-je ? », p. 7.

par le « contrat » qui était l'instrument privilégié[4]. Or, sous l'ancien régime, l'inégalité ne s'imposait pas par elle-même dans ces relations contractuelles. Le contrat fédo-vassalique ou de concession de fief par lequel le seigneur concédait la jouissance d'un fief au vassal moyennant des services rendus était emblématique. Une hiérarchie apparaissait clairement au moment de la conclusion de ces contrats, mais elle a progressivement disparu puisque

> « la concession de fief, à l'origine viagère, devint progressivement héréditaire et finit par échapper au concédant, c'est-à-dire à l'autorité royale. Ce contrat aboutissait en réalité à restreindre la sphère des droits régaliens et provoquait un morcellement de l'autorité du roi, diluée dans la hiérarchie seigneuriale »[5].

In fine, le contrat fédo-vasalique a entraîné « la ruine de l'autorité du souverain »[6]. La relation contractuelle entre un pouvoir central et des pouvoirs locaux n'a donc pas de tout temps été déséquilibrée en faveur du premier. La contractualisation eut une fonction en sens contraire : le contrat fut d'abord un moyen de structuration du pouvoir central favorisant l'affirmation de l'autorité royale contestée, en même temps qu'il permettait la structuration des regroupements locaux. Le contrat a ensuite été évincé parce que le pouvoir royal le trouvait inadapté pour instaurer un rapport hiérarchique avec les groupes locaux. Le statut unilatéral a prospéré avec la construction de l'État moderne et la Révolution française[7]. Historiquement, l'inégalité n'est donc pas consubstantielle au contrat passé entre le pouvoir central et les instances locales.

---

4. J.-P. GAUDIN et J. DUBOIS, « L'action publique par convention, les politiques contractuelles aujourd'hui », *Les cahiers de l'institut de la décentralisation* 2000, p. 4
5. B. HUGLO, *La contractualisation entre l'État et les collectivités territoriales*, Thèse droit, Paris-II, 2014.
6. *Ibid.*, p. 45.
7. La Révolution a fait disparaître la multiplicité des régimes l'ancien régime et organisé le statut des communes. L'Assemblée nationale a voté les lois du 14 décembre 1789 sur l'organisation municipale ; Loi du 22 décembre 1789-6 janvier 1790 sur l'organisation générale (départementale).

Pour autant, l'inégalité entre les acteurs favorise aujourd'hui un déséquilibre de la relation contractuelle.

B. Un rapport contractuel déséquilibré

L'inégalité entre les acteurs a-t-elle des conséquences sur la relation contractuelle entre l'État et les collectivités territoriales ? Cette inégalité est multiforme.

L'initiative de la contractualisation est prise par le pouvoir central. Il en est ainsi dans la majorité des cas. Les collectivités ont simplement la faculté d'inciter l'État à agir. Elles ont « l'initiative de l'initiative » selon la formule de Jean-Marie Pontier. En outre, l'État détermine les domaines, les matières, susceptibles de faire l'objet de la négociation.

De nombreux accords entre l'État et les collectivités territoriales sont juridiquement des contrats d'adhésion. Leur contenu n'est pas librement discuté, mais, plutôt, est imposé par l'État. À tel point qu'on ne saurait qualifier ces acteurs au contrat de « parties » au sens strict.

Par voie de conséquence, la liberté contractuelle des collectivités territoriales est limitée. Si celles-ci sont théoriquement libres d'adhérer à ces contrats, la réalité est plus nuancée. Ce n'est clairement pas le cas.

Pour s'en convaincre, il suffit de songer aux contrats de plan, outil emblématique de la contractualisation entre l'État et les collectivités territoriales. Aux termes de la loi du 29 juillet 1982[8] qui les a institués, ces contrats étaient destinés à associer les collectivités territoriales à « l'exécution » du « plan et des programmes prioritaires » de l'État (art. 11 alinéa 1er). Les actions contenues dans le contrat de plan devaient être « compatibles » avec « les objectifs du plan de la nation ». « Le ministre du Plan et de l'Aménagement du territoire présentait

8. Loi n° 82-653 du 29 juillet 1982 portant réforme de la planification, *JO* 30 juillet 1982, p. 2444.

ces contrats de plan comme une forme d'expérimentation de solutions qui, en dernière analyse, relevaient de l'État seul (2e séance du 15 juin 1982, Déb. parl. Ass. nat. 16 juin 1982, p. 3411) ». Ces contrats de plans devaient respecter le sillage du « contrat-cadre » primaire passé entre la région et l'État, et dans lequel le point de vue de ce dernier était prépondérant. Cet instrument a été conçu à une époque où la région, n'étant pas encore formellement une collectivité territoriale, ne jouissait pas d'une entière liberté. Au demeurant, le contrat de plan a survécu moyennant un ponctuel changement de dénomination et est devenu un contrat autonome. La logique de son institution demeure néanmoins : c'est un moyen pour l'État (planificateur) d'enserrer l'action des collectivités. Contraintes de fait d'adhérer à cet instrument, « les régions, en quête de financement étatiques n'ont guère le choix »[9]. Or, l'essence de la relation contractuelle posée par le Code civil (art. 1102) est que « chacun est libre de contracter ou de ne pas contracter, de choisir son cocontractant et de déterminer le contenu et la forme du contrat dans les limites fixées par la loi ». Le prisme du meilleur partage de l'influence et du pouvoir entre l'État et les collectivités territoriales ne doit pas occulter que la contractualisation traduit aussi un regain de contrôle de l'État et une volonté d'influencer les grandes orientations de l'action des collectivités. De ce point de vue, la contractualisation apparaît comme un moyen détourné de recentralisation, une entorse insidieuse à la libre administration.

On pourrait illustrer cet argument par des instruments relativement plus récents, tels les « contrats de développement territorial » à propos desquels Gérard Marcou écrivait qu'ils représentent un « outil

9. D. TURPIN, note sous TA Montpellier, 8 juillet 1985, *Demeglio*, *AJDA* 1986, p. 109.

d'aménagement associant programmation et prescription, l'action et la réglementation, mais sous la direction de l'État »[10]. La création du grand Paris[11] a été emblématique de cela.

Ajoutons que cette inégalité se traduit aussi par la reconnaissance à l'État de prérogatives dont son contractant est dépourvu. Ainsi, théoriquement, il a un pouvoir de résiliation unilatérale du contrat lorsqu'un motif d'IG le justifie et de modification unilatérale aussi, exercé bien évidemment sous le contrôle du juge.

L'un des signes les plus marquants de cette inégalité est la répercussion sur la qualification de certains instruments de la contractualisation. Mis à part quelques-uns de ces actes, la doctrine, ou une partie à tout le moins, n'y voit pas des « contrats administratifs », *stricto sensu*, mais les fait entrer dans la catégorie des « conventions d'administration ». Ainsi, Benjamin Huglo écrit que « la contractualisation a créé une nouvelle catégorie juridique : la convention d'administration ». On y retrouve la même idée que dans la qualification de « contrat d'action publique »[12] proposée par M. Gaudin. Selon Sébastien Hourson qui a consacré sa thèse aux conventions d'administration, une de leurs caractéristiques est que « les stipulations qu'elles contiennent ont une portée directive et non pas impérative ». Ces conventions ont une teneur « infra-impérative et supra-déclaratoire »[13].

Au total, l'inégalité entre l'État et les collectivités territoriales est incontestable du point de vue du droit contractuel. Cette inégalité prospèrera-t-elle pour autant ? La prise de conscience de l'insécurité juridique induite par les instruments de la contractualisation est certaine. Dans son rapport public pour 2008, le diagnostic du Conseil d'État était implacable :

---

10. G. MARCOU, « La loi sur le Grand Paris : le retour de l'État aménageur ? », *AJDA* 2010, p. 1868.
11. Loi n° 2010-597 du 3 juin 2010 relative au Grand Paris.
12. Voir la thèse de S. HOURSON, *Les conventions d'administration*, LGDJ, 2014.
13. *Ibid.*, p. 161 et 163.

> « Habitué à signer de nombreux contrats, dont de faux qui ne l'engagent pas, l'État a contribué à jeter le doute sur la promesse et sur le contrat : il promet beaucoup et n'honore pas toujours ses engagements. Promouvoir la civilisation du contrat requiert au premier chef que l'État restaure la confiance dans la promesse et dans le contrat, en se pliant lui-même entièrement à ses règles. C'est aussi la raison pour laquelle le Conseil d'État est favorable à la reconnaissance de la valeur juridique de certaines des conventions signées par l'État et propose de les assortir, si possible, d'une sanction, pour mieux inciter à leur respect. »

Il reste que cette incitation n'est pas encore réellement suivie d'effet.

En tout état de cause, l'analyse faite de ce rapport contractuel ne peut se satisfaire d'une forme de manichéisme. Paradoxalement, une autre lecture consisterait à voir dans l'inégalité démontrée une explication du développement de la contractualisation.

II. Une inégalité paradoxale favorisant le développement de la contractualisation

L'idée d'un déséquilibre de la contractualisation entre l'État et les collectivités territoriales doit être nuancée. En effet, l'inégalité est un élément de souplesse dont la contractualisation tend à s'accommoder (A). Cette inégalité mise en exergue voile un rapport plus équilibré sur le plan politique qui semble convenir aux acteurs conduisant l'action publique (B).

A. Des facteurs de souplesse pour la conduite de l'action publique

Dans une logique strictement juridique d'abord, si l'accord de volonté entre les parties est imparfait, paradoxalement, ses effets atténuent l'inégalité du partenariat. Toutes les dispositions des actes formalisant la contractualisation de l'action publique territoriale ne contiennent pas des engagements fermes des acteurs. Elles énoncent souvent des objectifs imprécisément définis, des déclarations d'intention, des aspirations politiques, etc. Ce sont des instruments programmatiques de l'action publique qui justifient, on l'a dit, la qualification de « conventions d'administration »[14]. À ce titre, le juge administratif n'a pas reconnu un caractère impératif aux contrats de plan[15] par exemple. C'est un élément de souplesse. Assurément, la nature non impérative de certaines dispositions est un facteur de rééquilibrage. Dès lors que les engagements ne sont pas fermes, « dépourvus d'effets de droit impératifs » et leur violation difficile à sanctionner, les obligations réciproques peuvent être renégociées et amendées de fait dans le cadre de l'exécution des conventions. Sous cet angle, le recours à des contrats d'adhésion dont certaines dispositions, par leur imprécision, sont insusceptibles de fonder une action en responsabilité, atténue l'inégalité en pratique.

De façon plus éclatante ensuite, la mise en œuvre de la politique des aides européennes renforce le rôle des régions au titre de la contractualisation. En effet, les fonds structurels européens sont déployés dans les États par un recours à la technique contractuelle. Le rôle de la région est déterminant pour l'élaboration des programmes opérationnels aux côtés de l'État et des « contrats de partenariats pour le développement et l'investissement ». La stratégie européenne de cohésion sociale, économique et territoriale, bâtie dans le but de réduire les inégalités entre les territoires des États membres, prend pour assise territoriale les régions en vue d'accroître leur influence dans la conduite des politiques publiques.

Toutefois, le gage de l'équilibre des relations contractuelles entre l'État et les collectivités territoriales tient à des principes gravés dans le droit positif, et notamment la garantie constitutionnelle de

14. S. HOURSON, *Les conventions d'administration*, *op. cit.*

15. CE 25 octobre 1996, *Association Estuaire-Écologie*, *Rec. CE*, p. 415 : *RFDA* 1997, p. 339, concl. J-H. Stahl, note Madiot ; *D.*1997, p. jur., p. 441, note C. Le Noan. Il en est de même pour les contrats de ville (CAA Douai 17 mai 2000, *Commune d'Hautmont*, *Rec. CE.*, *T.*, p. 862 et 1142) ou de rivière (TA Bordeaux 7 novembre 2006, *Association des propriétaires et riverains exploitants agricoles de la Dordogne et autres*, req. n° 0301268).

libre administration. Ce principe est sans doute le plus éprouvé par la multiplication des conventions d'administration. La contractualisation, en l'état, limite l'autonomie financière des collectivités et contredit la libre disposition des compétences transférées par la loi. La problématique se pose avec une acuité particulière depuis que la clause générale de compétences a été supprimée pour les régions et les départements (par la loi NOTRe, en 2015). D'une part, la contractualisation s'immisce dans la répartition des compétences en y introduisant du désordre. D'autre part, ce procédé met en œuvre une recentralisation puisque l'État envahit les domaines ressortissants aux collectivités. Mais peut-être est-ce le signe d'une contradiction entre certains principes et les aspirations des collectivités ? Puisque, paradoxalement, en dépit des difficultés qu'elle pose, la contractualisation n'est pas en déclin.

En sortant d'une analyse purement juridique des rapports contractuels, l'inégalité peut davantage être atténuée. On en vient à la conception managériale de l'action publique qui a motivé les premières initiatives de la contractualisation.

B. Un rapport politiquement plus équilibré

Du point de vue de la conduite de l'action publique, plusieurs vertus sont attribuées à la contractualisation : l'opérationnalisation de la décentralisation, sa déclinaison pratique ; l'atténuation de la rigidité des blocs de compétence, une meilleure coordination de l'action des collectivités territoriales avec celle de l'État, une gestion plus efficiente des ressources publiques, l'évaluation des décisions, etc. À cet égard, la contractualisation est aussi favorable à l'État qu'aux collectivités territoriales dans la conduite de l'action publique.

Il faut se souvenir que le recours à la contractualisation a permis de concrétiser les premiers transferts de compétences de l'État vers les collectivités. En vertu des lois du 2 mars et 7 janvier 1983, c'est par la contractualisation qu'a été organisée, en faveur des collectivités territoriales, la mise à disposition d'une partie du personnel et des services de l'État. Une « convention type, signée par le représentant de l'État et l'exécutif de la collectivité concernée, établissait alors la liste des services et des agents titulaires ou non, désormais placés d'office sous l'autorité de la collectivité ». [Par la suite, ces transferts ont été réalisés tantôt par la loi, tantôt par des conventions].

D'un point de vue stratégique, la contractualisation permet de réunir les différents décideurs. De la sorte, ils définissent des objectifs communs, gèrent les ressources de façon rationnelle, réduisant ainsi le gaspillage dans un contexte budgétaire et économique difficile. Certes, l'État en tire parti pour se décharger sur les collectivités, tant il devient incapable d'assumer seul le financement et la conduite des politiques publiques. Il peut ainsi se targuer d'une meilleure maîtrise des finances publiques et adopter une rhétorique de performance dans la gestion publique.

De leur côté, les collectivités territoriales ont pu s'affirmer à la mesure des responsabilités qui leur ont été confiées. Corrélativement, l'État a perdu une part de son influence et cédé du terrain aux collectivités quant à l'orientation des politiques publiques. Les principes consacrés par le droit positif seraient privés de portée pratique s'ils ne se traduisaient pas par un rééquilibrage des rapports de force politique entre les acteurs centraux et territoriaux. L'influence stratégique conquise par les collectivités territoriales grâce à la contractualisation est multiforme. Elles sont associées à la fabrique du droit qui leur est applicable et participent de sa territorialisation[16].

Force est de constater qu'en dépit de ses imperfections, la contractualisation conserve son attractivité, tant les collectivités territoriales sont parfois en concurrence pour « nouer des partenariats ». Cette rivalité se joue aussi sur fond d'intérêts économiques, puisque des financements sont liés à la conclusion de certains contrats. À tel point qu'on ne peut exclure qu'à l'avenir, les collectivités se livrent

16. Adaptation de la norme aux territoires par l'expérimentation, par exemple, rendue possible par la révision constitutionnelle de 2003. Voir J.-B. AUBY, « Réflexions sur une territorialisation du droit » *in Mélanges J.-Cl. Douence, La profondeur du droit local*, Dalloz, 2006, p. 2.

d'âpres combats sur le terrain judiciaire et du droit de la concurrence pour obtenir les contrats proposés par le pouvoir central. Sauf à être schizophrènes, l'intérêt constant que les collectivités territoriales manifestent pour la contractualisation démontre bien que l'analyse de cette relation ne peut reposer exclusivement sur des données juridiques.

L'inégalité, qui découle essentiellement du droit de la contractualisation, devrait s'atténuer au fil de l'évolution de la jurisprudence et de la physionomie des territoires. Aujourd'hui, l'intérêt pour la contractualisation semble relever, de part et d'autre, de considérations d'un autre ordre. Cette méthode permet la formalisation dans un acte juridique de rapports et relations qui, s'inscrivant dans la conduite de l'action publique au sens large, font la part belle à des considérations politiques. Tant et si bien que le contenu politique des instruments formels de la contractualisation rejaillit sur leur forme et affecte une part de leur juridicité. D'où la préférence donnée à la qualification de « convention d'administration », un de ces instruments dont la technique juridique française a le secret et qui n'en est pas moins parfaitement approprié aux fins auxquelles elle est sinon destinée, du moins sert désormais.

En envisageant la contractualisation entre l'État et les collectivités territoriales à l'aune de la cohérence et l'efficience de l'action publique, l'inégalité juridique du partenariat devrait être encadrée, sans toutefois être remise en cause. Un encadrement excessif du droit contractuel nuirait à la souplesse qui a contribué à la pérennisation et au relatif succès de la contractualisation.

Peut-être faudrait-il adapter les principes fondateurs de la décentralisation à cette nouvelle donne ? Repenser la relation entre l'État et les collectivités permettrait de renouveler le cadre de l'action publique et de corriger les incohérences révélées par la contractualisation : l'égalité n'est pas la panacée et l'inégalité n'est pas une fatalité.

LA CONTRACTUALISATION FACULTATIVE OU OBLIGATOIRE ENTRE LES COLLECTIVITÉS TERRITORIALES : RESPECT DE L'ABSENCE DE TUTELLE ?

par

Reine WAKOTE

Maître de conférences de droit public
Université de Lorraine, IRENEE (EA 7303)

Le présent sujet, « La contractualisation facultative ou obligatoire entre les collectivités territoriales : respect de l'absence de tutelle ? » – sous la forme interrogative plus en est –, semble s'insérer pleinement dans l'actualité de la réforme des collectivités territoriales. Mais en réalité, rien n'est moins sûr.

Dans quel(s) sens conviendrait-il de l'appréhender ?

Littéralement, le terme de « contractualisation » suppose – en raison du suffixe *tionem* issu du latin – une action, un processus. La contractualisation s'entendrait ainsi, tout d'abord, comme le processus, mais aussi comme l'ensemble des techniques ou procédés traduisant des relations pouvant mener à la formation d'un contrat[1]. Ce terme serait alors à distinguer du contrat lui-même, en tant que résultat. Ainsi, « la contractualisation, terme plus récent, évoque non

1. Voir aussi J.-L. GILLET, « Qu'est-ce qu'une contractualisation ? », *in* Ch. PIGACHE (dir.), *Les évolutions du droit – Contractualisation et procéduralisation*, Rouen, Presses universitaires de Rouen, 2004, p. 83.

seulement l'acte, mais aussi toute activité ou un mode de relation entre les personnes »[2]. Ce terme traduit « le *mouvement considéré comme souhaitable*, par lequel les relations contractuelles entre des personnes se développent, se multiplient, au point de devenir un mode normal ou habituel de relation entre ces personnes »[3]. La contractualisation est donc un cadre relationnel susceptible de déboucher sur un résultat qui serait alors un contrat, lequel a pour caractéristique de comporter des obligations s'imposant réciproquement aux parties. Ce faisant, comme l'évoque le professeur Jean-Marie Pontier dans sa communication, il subsiste une diversité de procédés de contractualisation traduite par une pluralité de dénominations sans critères de différenciation tangible ou acceptable[4]. Selon ces éléments de définition, il ne conviendrait donc pas de s'en tenir, dans les développements qui suivent, à la notion de contrat, bien plus restrictive que celle contractualisation qui l'intègre au même titre que d'autres notions[5].

Le sujet inviterait ainsi à se poser la question de savoir si les différents procédés ou techniques auxquels les collectivités territoriales recourent, de manière facultative ou obligatoire, traduisent le respect de l'absence de tutelle.

Si les auteurs les plus illustres se sont efforcés, à partir de la fin du XIXe siècle, et surtout dans le premier quart du XXe siècle de préciser les critères du contrat administratif, celui-ci emprunte au contrat civiliste, tel que défini par l'article 1101 du Code civil modifié en

2. N. POULET-GIBOT-LECLERC, « La contractualisation des relations entre les personnes publiques », *RFDA* 1999, p. 551.
3. J.-M. PONTIER, « Contractualisation et planification », *RDP* 1993, p. 644.
4. J.-M. PONTIER, « Présentation générale de la contractualisation de l'action publique locale », *in* N. DANTONEL-COR et R. ALLEMAND (dir.), *La contractualisation de l'action publique locale. Des collectivités territoriales libres ou sous contraintes ?*, Paris, L'Harmattan, coll. « GRALE », 2018, p. 19 de cet ouvrage.
5. Sur la pluralité de dénominations, voir J.-M. PONTIER, préc., p. 19

2016[6]. Cette disposition contient ainsi que « le contrat est un accord de volontés entre deux ou plusieurs personnes destiné à créer, modifier, transmettre ou éteindre des obligations. »

Le premier élément à relever à travers le phénomène de contractualisation consiste en l'irruption du contrat, modalité d'action de droit commun dans les relations entre personnes publiques. D'aucuns vont même jusqu'à écrire que « ce n'est plus une simple incursion que le contrat opère dans la sphère de l'action publique, mais une véritable invasion »[7]. Or, s'agissant des personnes publiques, le contrat se présente comme un mode d'action dérogatoire par rapport à l'acte administratif unilatéral, lequel incarne le mode d'action de principe – conventionnel – de la puissance publique. De sorte qu'il convient de relever, dans les relations entre les collectivités territoriales, que le contrat incarne un procédé « anti-conventionnel », qui viendrait concurrencer, voire se substituer à l'acte administratif unilatéral.

Le deuxième élément se concentre sur une difficulté s'agissant des adjectifs « facultative » ou « obligatoire ». En effet, si le contrat repose avant tout sur l'accord de volonté des parties, aussi bien dans le contrat civiliste que dans le contrat en droit administratif, comment la contractualisation, entendue comme processus ou procédé menant à un contrat, peut-elle être obligatoire ? La contractualisation ne serait-elle pas, au contraire, forcément facultative ? Au surplus, si elle repose sur l'accord de volonté, pourquoi la contractualisation n'assurerait-elle pas le respect de l'absence de tutelle ? Et *a fortiori* si elle est facultative ?

6. Voir l'article 2 de l'ordonnance du 10 février 2016 modifiant l'article 1101 du Code civil. Dans sa version initiale au sein de la loi du 7 février 1804 (promulguée le 17 février 1804), cette disposition était ainsi rédigée : « Le contrat est une convention par laquelle une ou plusieurs personnes s'obligent, envers une ou plusieurs autres, à donner, à faire ou à ne pas faire quelque chose. »

7. Y. FORTIN, « La contractualisation dans le secteur public des pays industrialisés depuis 1980 : hors du contrat, point de salut ? », *in* Y. FORTIN (dir.), *La contractualisation dans le secteur public des pays industrialisés depuis 1980*, Paris, L'Harmattan, 1999, coll. « Logiques juridiques », p. 5.

Mais alors, pourquoi s'enquérir d'une contractualisation obligatoire ? Le caractère « obligatoire » de la contractualisation laisse supposer que le sujet à traiter intégrerait les cas où les collectivités seraient tenues de contracter ; l'accord de volonté, le libre consentement ferait alors défaut ! Il pourra être rétorqué qu'en droit privé aussi la question de l'autonomie de la volonté ou du « véritable » accord de volonté manifestée par les parties est posée[8], notamment en cas de contrat d'adhésion ou de contrat d'assurance ou de renouvellement de bail[9]. N'y aurait-il pas aussi, en droit civil, une forme obligatoire de la contractualisation (processus ou procédé) et du contrat (résultat) ? Le consentement des parties ne doit-il pas aussi être apprécié au regard des procédés et des contrats en présence[10]. Que penser alors des engagements unilatéraux : incarnent-ils en toutes circonstances une contractualisation, voire un contrat ?

8. Le débat est ancien ; voir notamment E. GOUNOT, *Le principe de l'autonomie de la volonté en droit privé : étude critique de l'individualisme juridique*, Th. Dijon, A. Rousseau éd., 1912, p. 387-388. Le débat persiste : V. RANOUIL, *L'autonomie de la volonté. Naissance et évolution d'un concept*, Paris, PUF, 1980, p. 53 et s. J. GHESTIN, « L'utile et le juste dans les contrats », *D.* 1980, chron. 1, p.1 (3). Le Conseil constitutionnel refusant, par ailleurs, de consacrer le principe de l'autonomie de la volonté par ces termes «[il] ne résulte ni de l'article 4 de la Déclaration des droits de l'homme et du citoyen ni d'aucune autre norme de valeur constitutionnelle un principe constitutionnel dit de l'"autonomie de la volonté" », Cons. const. 20 mars 1997, n° 97-388 DC, *Loi créant les plans d'épargne retraite* (consid. 48), *Rec.*, p. 31.

9. Le contrat d'adhésion étant désormais consacré à l'article 1110 du Code civil par l'ordonnance du 10 février 2016 (art. 2) : « Le contrat de gré à gré est celui dont les stipulations sont librement négociées entre les parties. Le contrat d'adhésion est celui dont les conditions générales, soustraites à la négociation, sont déterminées à l'avance par l'une des parties. »

10. L. LEVENEUR, « La liberté contractuelle en droit privé : les notions de base (autonomie de la volonté, liberté contractuelle, capacité…) », *AJDA* 1998, p. 676 ; S. SAUNIER, « L'autonomie de la volonté en droit administratif français : une mise au point », *RFDA* 2007, p. 609.

Cette question est d'autant plus centrale, s'agissant des collectivités territoriales, que le principe de libre administration, fondement de la décentralisation moderne, c'est-à-dire dès les premières lois de 1982 et 1983, a été consacré lors de la révision de 2003, à l'article 72 al. 3 de la Constitution en ces termes : « Dans les conditions prévues par la loi, *ces collectivités s'administrent librement* par des conseils élus… et disposent d'un pouvoir réglementaire pour l'exercice de leurs compétences. »

N'y a-t-il pas contradiction pour des collectivités territoriales libres de s'administrer de recourir à une contractualisation obligatoire, pouvant aboutir à un contrat qui leur imposerait des obligations ? Le recours à la contractualisation (processus ou procédés) et au contrat (résultat) s'agissant de cette catégorie de personnes publiques ne peut-elle pas n'être que facultative ? Par ailleurs, comment envisager une contractualisation et *a fortiori* un contrat obligatoire, en l'absence de tutelle consacrée constitutionnellement à l'article 72 al. 5, lors de la révision[11] de 2003, comme le corollaire du principe de la libre administration. Enfin, comment concevoir la contractualisation et le contrat comme étant obligatoires, dès lors que les collectivités territoriales disposaient, antérieurement à l'adoption de la loi NOTRe[12],

11. L'article 72 al. 5 de la Constitution, introduit lors de la révision de 2003, dispose qu'« aucune collectivité territoriale ne peut exercer une tutelle sur une autre ». La tutelle avait été antérieurement supprimée par la loi du 7 janvier 1983 (art. L. 1111-3 du CGCT), laquelle disposait « la répartition de compétences entre les communes, les départements et les régions ne peut autoriser l'une de ces collectivités à établir ou exercer une tutelle, sous quelque forme que ce soit, sur une autre d'entre elles ».
12. Pour une approche de la portée relative de la clause générale de compétence, voir J. FERSTENBERT, « La région et la clause générale de compétence », *in* R. WAKOTE (dir.), *Les nouvelles compétences régionales – Quel(s) renforcement(s), quelle(s) orientation(s) ?*, Paris, L'Harmattan, 2017, coll. « GRALE », p. 187.

d'une clause générale de compétence leur permettant d'agir dans tous les domaines, dans la mesure où ceux-ci n'avaient pas été attribués par le législateur à une autorité et que prévalait l'intérêt local[13] ?

Les champs d'investigation apparaissent ainsi bien larges. Par chance, le sujet reste focalisé sur les collectivités territoriales. Il s'agit ainsi des collectivités territoriales de droit commun, de celles à statut particulier énoncées à l'article 72 ainsi que de celles d'outre-mer régies par l'article 74 de la Constitution. Cela inclut aussi la Métropole de Lyon, laquelle bénéficie d'un statut législatif en ce sens. Mais les groupements de collectivités opérés ou créés par lesdites collectivités territoriales en restent exclus, ainsi que la contractualisation ou le contrat entre une collectivité territoriale et l'État. Il s'agit principalement de s'interroger sur le cadre des relations qui s'établissent entre les collectivités territoriales telles que délimitées.

Il conviendrait alors d'appréhender la question posée comme celle de savoir dans quelle mesure le principe de libre administration assied, effectivement, l'interdiction de tutelle entre collectivités territoriales, lorsque celles-ci recourent, de manière facultative ou obligatoire, à des procédés contractuels ou à des contrats.

Les premières ébauches de réponse qui peuvent être formulées s'orientent vers deux axes : si le principe de libre administration garantit le respect de l'absence de tutelle face aux procédés de contractualisation (I), il n'annihile pas totalement la tutelle implicite face au contrat (II).

---

13. Cons. const. 9 déc. 2010, n° 2010-618 DC, *Loi de réforme des collectivités territoriales*, consid. 54, *Rec.* p. 367.

I. Le principe de libre administration garantit le respect de l'absence de tutelle en cas de contractualisation

Le principe de libre administration encadre tant le recours facultatif ou obligatoire à la contractualisation, à savoir tant le recours aux diverses modalités contractuelles (A) que les obligations contractuelles (B) en elles-mêmes.

A. principe de libre administration encadre le recours à la contractualisation

La libre administration assoit la possibilité pour les collectivités territoriales de recourir à la contractualisation. Principe de libre administration et contractualisation ne sont pas antinomiques ; le premier incarnant le fondement même de la seconde.

Figurant, dès 1958, à l'article 72 alinéa 2 dans la Constitution[14] le principe de libre administration s'est déployé avec l'adoption des lois Deferre dès 1982[15].

Dans le cadre du contrôle de constitutionnalité opéré sur la loi du 25 février 1982 relative aux droits et libertés des communes, des départements et des régions, le Conseil constitutionnel avait pris soin de dessiner les premiers contours de ce principe reconnu en faveur des collectivités territoriales par rapport aux prérogatives de l'État[16]. Il avait par la suite précisé que le principe de libre

14. Article 72 alinéa 2 de la Constitution de 1958, dans sa version initiale : « Ces collectivités s'administrent librement par des conseils élus et dans les conditions fixées par la loi. »

15. Le principe sera expressément codifié à l'article L. 1111-1 dans le CGCT par la loi du 21 février 1996 (*JO* 24 février 1996) : « Les communes, les départements et les régions s'administrent librement par des conseils élus. »

16. Cons. const. 25 février 1982, n° 82-137 DC, *Loi relative aux droits et libertés des communes, des départements et des régions*, *Rec.* p. 38, consid. 4 : « Il résulte des dispositions précitées de l'article 72 de la Constitution que si la loi peut fixer les conditions de la libre administration des collectivités territoriales, c'est sous la réserve qu'elle respecte les prérogatives de l'État énoncées à l'article 3 de cet article… »

administration, placé parmi les principes de rang constitutionnel, s'imposait au législateur tenu de veiller à ce que son intervention permette d'assurer le respect des lois sur l'ensemble du territoire et des intérêts nationaux[17]. De son côté, dans l'arrêt du 18 janvier 2001 *Commune de Venelles*[18], le Conseil d'État avait affirmé que la libre administration constituait une liberté fondamentale protégée, notamment par la procédure de référé-liberté. Plus récemment, si le juge constitutionnel admettait qu'elle puisse être invoquée dans le cadre de la QPC[19], cependant rares sont les dispositions législatives qu'il a censurées sur ce fondement, se cantonnant ainsi aux atteintes

17. *Idem*. Voir aussi Cons. const. 13 janvier 1994, n° 93-329 DC, *Loi relative aux conditions de l'aide aux investissements des établissements d'enseignement privés par les collectivités territoriales*, *Rec.* p. 9, consid. 27 : « Si le principe de libre administration des collectivités locales a valeur constitutionnelle, les dispositions que le législateur édicte ne sauraient conduire à ce que les conditions essentielles d'application d'une loi relative à l'exercice de la liberté de l'enseignement dépendent de décisions des collectivités territoriales et, ainsi, puissent ne pas être les mêmes sur l'ensemble du territoire. » J.-H. Stahl, « Le principe de libre administration a-t-il une portée normative ? », *NCCC* 2014, n° 42.
Cons. const. 18 janvier 1985, n° 84-185 DC, *Loi modifiant et complétant la loi n° 83-663 du 22 juillet 1983 et portant dispositions diverses relatives aux rapports entre l'État et les collectivités territoriales*, consid. 18 : « Si le principe de libre administration des collectivités territoriales a valeur constitutionnelle, il ne saurait conduire à ce que les conditions essentielles d'application d'une loi organisant l'exercice d'une liberté publique dépendent de décisions des collectivités territoriales et, ainsi, puissent ne pas être les mêmes sur l'ensemble du territoire », *Rec.*, p. 36. Cons. const. 13 janvier 1994, n° 93-329 DC, consid. 9 préc., J.-H. Stahl, « Le principe de libre administration… » préc.
18. CE sect. 18 janvier 2001, *Commune de Venelles* ; J. Montain-Domenach, « Principe de libre administration et intercommunalité – Transition et incertitudes », *CCC* 2002, n° 12 ; S. Dalle-Crode, « Le retrait de commune d'une structure intercommunale », *JCPA* 2005, p. 1723 ; F.-X. Fort, « Le retrait d'une commune membre d'un EPCI », *AJDA* 2006, p. 2163.
19. Cons. const. 21 oct. 2016, n° 2016-588 QPC, *Communauté de communes des sources du lac d'Annecy et autre*.

excessives du législateur[20]. Le législateur peut ainsi limiter la portée du principe de libre administration, afin de préserver l'intérêt général et les intérêts nationaux et assurer l'indivisibilité de la République.

Néanmoins si le principe de libre administration permettait à chacune des collectivités territoriales d'exercer leurs compétences respectives, l'articulation de cet exercice devait être précisée par l'article 2 de la loi du n° 83-8 du 7 janvier 1983, lequel disposait que « la répartition des compétences entre les communes, les départements et les régions ne peut autoriser l'une de ces collectivités à établir ou exercer une tutelle, sous quelque forme que ce soit, sur une autre d'entre elles ». La tutelle se distingue du *pouvoir hiérarchique*, lequel confère à celui qui l'exerce des pouvoirs d'annulation et de substitution d'action, mais aussi des *pouvoirs d'autorisation et d'approbation*[21]. La tutelle concentre essentiellement des pouvoirs d'autorisation et d'approbation[22]. Cette prohibition de la tutelle d'une collectivité territoriale sur une autre sera réitérée par la loi du 24 février 1996 insérant l'article L. 1111-3 du CGCT[23], avant d'être consacrée à un rang constitutionnel, lors de la révision constitutionnelle du 28 mars 2003 au sein de l'article 72 alinéa 5 en ce sens qu'« aucune collectivité territoriale ne peut exercer une tutelle sur une autre ».

Le principe de libre administration reconnu aux collectivités territoriales leur permet ainsi d'exercer leurs compétences dans le cadre défini par la loi. Ce n'est donc pas la clause générale de compétence qui fondait les interventions des collectivités territoriales, mais le

20. Cons. const. 9 déc. 2010, préc., consid. 55.

21. L. RICHER, « La notion de tutelle sur les personnes en droit administratif », *RDP* 1979, p. 971.

22. *Idem*.

23. Article L. 1111-3 du CGCT (créé par la loi du 21 février 1996 ; *JO* 24 février 1996) : « La répartition de compétences entre les communes, les départements et les régions ne peut autoriser l'une de ces collectivités à établir ou exercer une tutelle, sous quelque forme que ce soit, sur une autre d'entre elles. »

principe de libre administration[24]. Le Conseil constitutionnel a pris soin de l'expliciter, s'agissant du département, dans la décision du 9 décembre 2010 relative à la loi de réforme des collectivités territoriales[25]. La suppression de cette clause générale par la loi NOTRe au profit de la région et du département ne permet donc pas de remettre en cause leur libre administration[26]. Enfin, la possibilité pour les collectivités territoriales de recourir aux procédés contractuels ou de recourir au contrat ne peut être rattachée qu'au principe de libre administration en l'absence de consécration constitutionnelle d'un principe de liberté contractuelle[27].

---

24. Voir J. FERSTENBERT, préc.
25. Cons. const. 9 déc. 2010, nº 2010-618 DC, *Loi de réforme des collectivités territoriales*, consid. 54 : « Considérant que l'article 48 de la loi du 10 août 1871 susvisée précisait que le conseil général délibère "sur tous les objets d'intérêt départemental dont il est saisi, soit par une proposition du préfet, soit sur l'initiative d'un de ses membres" ; que ces dispositions n'ont eu ni pour objet ni pour effet de créer une "clause générale" rendant le département compétent pour traiter de toute affaire ayant un lien avec son territoire ; que, par suite, elle ne saurait avoir donné naissance à un principe fondamental reconnu par les lois de la République garantissant une telle compétence. »
26. C'est aussi ce qui est à relever dans le Code général des collectivités territoriales tel que modifié par la loi NOTRe. Article L. 3211-1 (art. 94 de la loi NOTRe) : « Le conseil départemental règle par ses délibérations les affaires du département dans les domaines de compétences que la loi lui attribue. » Article L. 4221-1 du CGCT (art. 1er 3 *a)* de la loi NOTRe) : « Le conseil régional règle par ses délibérations les affaires de la région dans les domaines de compétences que la loi lui attribue. » Alors que la clause générale de compétence de la commune est préservée : article L. 2121-29 du CGCT : « Le conseil municipal règle par ses délibérations les affaires de la commune. »
27. Le Conseil constitutionnel a ainsi affirmé en 1994 « qu'aucune norme de valeur constitutionnelle ne garantit le principe de la liberté contractuelle » avant de préciser en 1997 que « le principe de liberté contractuelle n'a pas en lui-même valeur constitutionnelle ; que sa méconnaissance ne peut être invoquée devant le Conseil constitutionnel que dans le cas où elle conduirait à porter atteinte à des droits et libertés constitutionnellement garantis ». S'ajoutant ainsi au refus de consacrer l'autonomie de la volonté, Cons. const. 3 août 1994, nº 94-348 DC, *Loi relative à la protection sociale complémentaire des salariés et portant transposition des directives*

Ainsi sous le règne du principe de libre administration, donnant compétence aux collectivités territoriales pour agir, dans l'ensemble de leurs domaines de compétence, la question peut être posée de savoir pourquoi elles contracteraient de manière obligatoire. Le recours à la contractualisation apparaîtrait ainsi de prime abord comme étant toujours facultative... dans les conditions posées par la loi et la jurisprudence[28]. Disposant de la libre administration, les collectivités territoriales peuvent la mettre en œuvre pour recourir aux différents modes de contractualisation.

Le recours à la contractualisation a d'ailleurs été esquissé dès les premières lois relatives à la décentralisation moderne. Entre autres, l'article 65 de la loi du 2 mars 1982[29] disposait que : « Deux ou plusieurs régions peuvent, pour l'exercice de leurs compétences, *conclure entre elles des conventions* ou créer des institutions d'utilité commune. » L'article 6 al. 2 et 3 de la loi de 7 janvier 1983 (abrogé en 1996) prévoyait la possibilité pour les collectivités de « *s'associer* pour l'exercice de leurs compétences », ou encore de conclure des « *conventions* par lesquelles l'une d'entre elles s'engage à mettre à disposition d'une autre collectivité ses services et moyens afin de lui faciliter l'exercice de ses compétences ». Les communes pouvaient,

nº 92/49 et nº 92/96 des 18 juin et 10 novembre 1992 du Conseil des communautés européennes, *Rec.* p. 117 (consid. 9) et Cons. const. 20 mars 1997, nº 97-388 DC, *Loi créant les plans d'épargne retraite*, *Rec.*, p. 31, (consid. 48). Pour la jurisprudence administrative, voir CE 28 janvier 1998, *Sté Borg Warner*, *RFDA* 1998, p. 455 ; Ph. TERNEYRE, « La liberté contractuelle est-elle un droit fondamental ? Le point de vue constitutionnel », *AJDA* 1998, p. 667 ; M. AJJOUB, *La notion de liberté contractuelle en droit administratif français*, thèse (G.-J. Guglielmi, dir.), univ. Panthéon-Assas Paris-II, 2016, consultable sur *https://docassas.u-paris2.fr/nuxeo/site/.../f94439d6-7d50-4d90-9f86-f6f604ccfd21* [15 nov. 2017].

28. S'agissant notamment de la police administrative et du maintien de l'ordre public, CE Ass. 17 juin 1932, *Ville de Castelnaudary*, *Rec.* p. 595. Voir aussi B. STIRN, « Le juge administratif et les contrats entre collectivités publiques », *AJDA* 1990, p. 139.

29. Loi nº 82-213 du 2 mars 1982 relative aux droits et libertés des communes, des départements et des régions.

sur le fondement de l'article 29 de la loi de 1983 (abrogé en 1995), même « élaborer et approuver des *chartes intercommunales de développement et d'aménagement* » ; ces chartes « [pouvaient] *servir de base* à des conventions avec le département, la région et l'État ». L'article 12 de la loi de 1983, toujours en vigueur, permet aussi au département et à la région d'apporter leur concours technique aux communes[30].

Ces cas ne traduisent pas de véritables contrats, mais une contractualisation, dès lors qu'aucune obligation n'est imposée réciproquement à l'une ou l'autre des collectivités : leur démarche consiste à s'associer, à faciliter l'exercice des compétences. Les *contrats d'objectifs* se situent aussi dans ce cadre. Fréquents dans les relations de l'État avec les collectivités, ils ne sont pas absents des relations que les collectivités territoriales peuvent nouer. Dans ce cas, les collectivités conviennent d'objectifs à atteindre dans le cadre de politiques publiques menées en commun. Il y a alors « utilisation d'instruments contractuels de préférence aux techniques réglementaires classiques, manifestant le glissement vers une « gouvernementalité coopérative » »[31]. Mais il n'y a pas véritable contrat avec des obligations réciproques, dès lors que les objectifs peuvent être atteints ou non, sans conséquences particulières. Il s'agit de « contractualisation [laquelle] présuppose que soit prise en compte l'existence d'acteurs

30. Article 12 de la loi du 7 janvier 1983 (modifié par la loi du 11 décembre 2001) : « Les services de l'État, des régions et des départements peuvent, dans les conditions prévues par le Code des marchés publics, apporter leur concours technique aux communes, à leurs établissements publics et aux établissements publics de coopération intercommunale ainsi qu'aux établissements publics associant exclusivement des collectivités territoriales et des établissements publics de coopération intercommunale pour l'exercice de leurs compétences. » Sur la notion de chartes, voir V. BLEHAUT-DUBOIS, « À l'école des chartes », *AJDA* 2004, p. 2431.
31. J. CHEVALLIER, « Loi et contrat dans l'action publique », *CCC* 2005, n° 17, p. 1 ; L. RICHER, « La contractualisation comme technique de gestion des affaires publiques », *AJDA* 2003, p. 973.

autonomes, dont il s'agit d'obtenir la coopération et elle passe par un processus de négociation, visant à définir les contours d'une action commune »[32].

Le principe de libre administration ne fait donc pas obstacle au recours à la contractualisation et aux différents procédés contractuels. Cette éventualité demeure toujours facultative pour les collectivités territoriales et assure le respect de l'absence de tutelle. Néanmoins, au regard des obligations contractuelles qui peuvent en découler, voire en cas de contrat, la question demeure de savoir si le respect de l'absence de tutelle demeure aussi préservé.

B. Le principe de libre administration encadre les relations de « type contractuel »

Dès lors que les collectivités territoriales mettent en œuvre le principe de libre administration et recourent à la contractualisation, cela pourrait-il déboucher sur un risque de tutelle ? Pour y répondre, il convient de s'intéresser à la nature des obligations contractuelles et de distinguer entre la contractualisation donnant lieu à des « relations de type contractuel » d'une part, et la contractualisation débouchant sur de « véritables contrats », lesquels comportent alors un engagement et des obligations réciproques, d'autre part. Cette distinction peut être opérée à partir des trois grandes catégories suivantes de contrats entre personnes publiques énoncées par le professeur Gérard Marcou[33] :

> « 1. des contrats qui ont pour objet *une prestation* et pour lesquels se pose la question de l'application du Code des marchés publics s'est longtemps posée. Cela concerne, notamment une bonne part des concours techniques de l'État aux collectivités territoriales.

32. J. CHEVALLIER, préc.

33. G. MARCOU, « Les contrats entre l'État et les collectivités territoriales – Réflexions sur quelques problèmes juridiques et administratifs », *AJDA* 2003, p. 982.

> 2. Une seconde catégorie de contrats englobe les *contrats de coopération [concertation] entre l'État et les collectivités territoriales, mais aussi entre ces dernières et qui ont pour objet la programmation de l'action publique*. L'exemple bien connu est celui du contrat de plan État-région, mais on en connaît beaucoup d'autres : contrats de ville, contrats d'agglomérations prévus par la loi sur l'aménagement et le développement durable du territoire de 1999 et qui sont en cours de signature.
>
> 3. Il existe une troisième catégorie de contrats : ce sont les contrats qui ont pour objet de *permettre un exercice optimum des compétences*. Certains sont prévus par la loi, notamment, en ce qui concerne l'exercice de compétences attribuées à une autorité intercommunale – communauté urbaine, communauté d'agglomération. »

Il convient d'appréhender ces différentes situations avec précaution en distinguant le cadre des relations contractuelles ou de contractualisation entre l'État et les collectivités territoriales d'une part, et ces mêmes relations entre collectivités territoriales de part et d'autre. Les faux contrats entre collectivités territoriales sont légion et traduisent bien plus diverses modalités de concertation.

En premier lieu, s'agissant de la contractualisation donnant lieu à des « relations de type contractuel », se situent les contrats de coopération [concertation], lesquels relèvent de la deuxième catégorie énoncée par le professeur Gérard Marcou. Doivent y être rangés les conventions en vue de créer des institutions d'utilité publique, la mise à disposition afin de faciliter l'exercice des compétences, les contrats d'objectifs, les chartes intercommunales…

Mais ces relations de type contractuel ne se déploient pas de manière identique entre collectivités territoriales et entre l'État et les collectivités territoriales. Dans ce dernier cas, incontestablement, il constitue un moyen pour l'État d'exercer une tutelle implicite sur les collectivités territoriales signataires de telles conventions ou contrats, notamment à travers la perte de crédits étatiques. Certains auteurs ont d'ailleurs vu les contrats de plan comme une recentralisation[34].

En ce qui concerne les relations des collectivités territoriales entre elles, il ne semble pas qu'une telle situation soit à craindre, dès lors qu'elles ne traduisent pas, en pratique, de véritables contrats, comme le relevait le professeur Gérard Marcou. Il s'agit de « processus de type contractuel » ou encore de « mode de relations juridiques de type contractuel ». En effet,

> « la relation contractuelle n'est au fond que très faiblement assurée par les moyens de droit et par les recours juridiques et ceci pour des raisons qui relèvent de la sociologie et tiennent au fait que les parties à ces contrats sont des institutions qui ont très peu d'intérêt à rechercher une solution contentieuse à leurs différends »[35].

Elles risqueraient alors de perdre le contrôle sur l'issue de la difficulté rencontrée. Par ailleurs, si une collectivité venait à imposer des conditions plus rigoureuses quant aux objectifs à atteindre, son cocontractant serait en droit de lui opposer le principe de libre administration.

Cela s'est traduit concrètement, entre autres, par le fait que la notion de chef-de-filât, consacrée à l'article 72 alinéa 5 de la Constitution lors de la révision de 2003, n'a pas permis à la collectivité territoriale ainsi désignée d'imposer effectivement les orientations et objectifs généraux définis avec les autres collectivités territoriales. En effet, « soit le législateur donnait à la fonction de chef de file sa pleine

34. J.-Cl. DOUENCE (dir.), *L'action économique locale – Décentralisation ou recentralisation ?*, Paris, Économica, 1988, coll. « Collectivités territoriales ».
35. G. MARCOU, « Les contrats entre l'État et les collectivités territoriales… », préc.

dimension de commandement, soit il la vidait d'emblée de sa substance en lui déniant tout caractère contraignant »[36], afin de respecter l'absence de tutelle d'une collectivité territoriale sur une autre[37].

En deuxième lieu, la loi NOTRe renforce le cadre de la « relation de type contractuel » à travers l'élaboration des schémas régionaux. En effet, les schémas régionaux, qu'il s'agisse du schéma régional de développement économique d'innovation et d'internationalisation (SRDEII) et du schéma régional d'aménagement de développement durable et d'égalité des territoires (SRADDET), ne peuvent pas être appréhendés comme des contrats. D'une part en raison de ce qu'ils ne contiennent pas des obligations réciproques et d'autre part, en ce qu'ils sont censés fixer principalement un cadre d'action au niveau régional, notamment, « définir les *orientations*... *organise(r)*, sur le territoire régional, la *complémentarité* des actions menées par la région en matière d'aides aux entreprises avec les actions menées par les collectivités et leurs groupements... »[38]; ou encore « fixer les objectifs... en matière d'équilibre et d'égalité des territoires », et enfin « identifier les voies et les axes routiers qui constituent des itinéraires d'intérêt régional »[39]. Assurément, ils s'inscrivent dans une perspective de concertation et de coopération, d'autant plus que leur élaboration s'inscrit au sein de la conférence territoriale de l'action

36. J.-F. JOYE, « La notion de « chef de file » en droit des collectivités territoriales », *CTI* 2003, n° 7, p. 15.
37. L. JANICOT, « La fonction de collectivité chef de file », *RFDA* 2014, p. 472.
38. Article 2 de la loi NOTRe, codifié à l'article L. 4251-13 et L. 4251-14 du CGCT. Pour les métropoles, le SERDII est adopté conjointement par le conseil de la métropole concernée et le conseil régional, conformément à l'article 2 de la loi codifié à l'article L. 4251-15 du CGCT. L'article 10 de la loi NOTRe confie aussi l'élaboration du SRADDET à la région (art. L. 4251-1 du CGCT) et son élaboration est calquée sur celle du SREDII (art. L. 4251-5 et L. 4251-5 du CGCT).
39. S'agissant du SRADDET, article 10 de la loi NOTRe codifié à l'article L. 4251-1 du CGCT.

publique (CTAP)[40]. Ils doivent être rapprochés de la deuxième catégorie esquissée par le professeur Gérard Marcou. Mais ils sont néanmoins dotés d'une portée normative, dès lors que les actes des collectivités infrarégionales doivent être compatibles avec lesdits schémas élaborés sous la « responsabilité »[41] de la région.

Néanmoins, les éléments susénoncés incitent à s'interroger sur l'évolution possible du cadre législatif ainsi défini : s'agit-il encore véritablement d'un simple cadre de concertation duquel résulteraient lesdits schémas en tant qu'« actes concertés » ? La loi entretient quelques ambiguïtés : prévoyant une obligation de compatibilité des actes des métropoles avec les schémas régionaux, elle aménage aussi un cadre subsidiaire « à défaut d'accord »[42] entre la région et les métropoles. *A contrario*, comment interpréter l'accord éventuellement manifesté par les collectivités infrarégionales ? Seraient-elles alors liées « contractuellement » ? Par ailleurs, l'élaboration desdits schémas ne serait-elle pas l'occasion pour la région d'imposer ses orientations et objectifs, et donc d'exercer, au-delà d'une simple posture de chef de file, une certaine forme de tutelle, dès lors qu'elle est « responsable » de l'élaboration desdits schémas et que les actes de même nature des collectivités infrarégionales doivent s'intégrer

---

40. Conformément aux articles 2 et 10 de la loi NOTRe, codifiés respectivement, au sein des articles L. 4251-14 du CGCT, L. 4251-4 du CGCT. Article L. 4251-14 du CGCT : « Le projet de schéma est élaboré par la région en concertation avec les métropoles, la métropole de Lyon et les établissements publics de coopération intercommunale à fiscalité propre. Il fait l'objet d'une présentation et d'une discussion au sein de la conférence territoriale de l'action publique mentionnée à l'article L. 1111-9-1… » Article L. 4251-4 du CGCT : « Les modalités d'élaboration du schéma régional d'aménagement, de développement durable et d'égalité des territoires sont prévues par délibération du conseil régional à l'issue d'un débat au sein de la conférence territoriale de l'action publique. » Par ailleurs, le nouvel article L. 4251-5 du CGCT prévoit qu'y soient associés, notamment, les conseils départementaux des départements, de la région, les EPCI, et les EPCI à fiscalité propre.

41. Voir notamment l'article L. 4251-12 du CGCT créé par l'article 2 de la loi NOTRe.

42. Article 2 de la loi NOTRe codifié aux articles L. 4251-15 et L. 4251-17 du CGCT.

dans un rapport de compatibilité ? D'autant plus que pour les aides aux entreprises, la métropole de Lyon et les communes peuvent participer « dans le cadre d'une convention » au financement des aides et des régimes d'aides mis en place par la région[43]. Ce qui n'a pas pu être envisagé par le législateur ne pourrait-il pas surgir lors de l'élaboration des SRDEII et dans ces conventions ? Une atteinte éventuelle au principe de libre administration des collectivités territoriales ne pourrait-elle pas en découler ? Seule la pratique future résultant de ce cadre législatif permettra de se prononcer. Il n'en demeure pas moins que deux garde-fous semblent avoir été prévus par le législateur : d'une part, les règles élaborées par la région dans ces schémas ne peuvent avoir pour conséquence une création ou une aggravation d'une charge d'investissement pour les collectivités infrarégionales ; d'autre part, la présence du préfet en amont et aval devrait permettre d'assurer le respect de l'absence de tutelle d'une collectivité territoriale sur une autre.

En définitive, en cas de contractualisation débouchant sur une « relation de type contractuel », la volonté de se lier fait défaut. S'il y a accord de volonté de coopérer ou de se concerter, traduisant ainsi une contractualisation, cela n'entraîne pas l'engagement des collectivités envers des obligations fermes et définitives, propre au contrat. La contractualisation dans le cadre de « relations de type contractuel » demeure alors facultative et assure le respect de l'absence de tutelle. Il serait, par ailleurs difficile de considérer de telles contractualisations ou relations de « type contractuel » comme ayant une portée « obligatoire », dans la mesure où elles sont aménagées par des textes, lesquels semblent veiller aux conditions de respect de la tutelle.

43. Article 3 de la loi NOTRe, codifié à l'article L. 1511-2 du CGCT.

Pour que la contractualisation intègre la question de savoir s'il y a ou non respect de la tutelle, il convient de s'orienter vers des liens contractuels plus denses, et donc vers la contractualisation-contrat. Dans ce cas, et ce ne serait pas le seul, le principe de libre administration n'annihile pas le risque de tutelle implicite.

II. Le principe de libre administration n'annihile pas totalement la tutelle implicite en cas de contrat

Malgré les garanties que recèle le principe de libre administration, en cas de véritable contrat, une tutelle implicite peut résulter des prérogatives de puissance publique (A). Par ailleurs, des conditions extrinsèques aux véritables contrats, liées à la maîtrise technique et aux capacités financières, pourraient concourir à affaiblir la prohibition de la tutelle d'une collectivité sur une autre (B).

A. Les prérogatives de puissance publique source d'éventuelle tutelle implicite

En premier lieu, les véritables contrats peuvent être recherchés dans les 1re et 3e catégories exposées précédemment.

Tout d'abord, les contrats de la 3e catégorie ayant pour objet de permettre un exercice optimum des compétences concernaient, jusqu'à présent, essentiellement, d'une part, les transferts de compétences entre l'État et les collectivités territoriales et d'autre part, les transferts de compétences le plus souvent opérés d'une commune à un établissement de coopération intercommunale (EPCI), voire d'un EPCI à un autre à savoir entre collectivités intercommunales – communauté urbaine et communauté d'agglomération. Il s'agissait alors de coopération verticale, pour laquelle la question de la tutelle ne se posait pas au regard de l'énonciation des collectivités territoriales à l'article 72 alinéa 1 de la Constitution lors de la révision de 2003. Les EPCI étant des démembrements des collectivités territoriales, en l'occurrence des démembrements de la commune, le transfert de compétence était admis dès qu'était transmise une compétence attribuée par les textes à la commune. Le même raisonnement s'appliquait pour le transfert de compétences entre EPCI. Mais ce cadre s'éloigne de celui dans lequel la présente communication est circonscrite.

Ensuite, au regard de la 1re catégorie énoncée par le professeur Marcou, relative au contrat ayant pour objet une prestation, les marchés publics tels que définis par l'article 4 de l'ordonnance[44] du 23 juillet 2015 occupent une place centrale au sein de cette catégorie en ce qui concerne la contractualisation entre collectivités territoriales. Quasi inexistants, hier encore, les contrats de marchés publics entre personnes publiques sont appelés à connaître un développement, d'autant plus que, par l'arrêt d'Assemblée du 30 décembre 2014 *Société Armor SNC*[45], le Conseil d'État a admis la possibilité pour les personnes publiques de concourir en qualité de prestataires aux appels d'offres lancés par une autre collectivité territoriale. Dans cette espèce où le marché portait sur le dragage de l'estuaire du Lay, la Haute Assemblée a conditionné la candidature d'une personne publique à un contrat de la commande publique à ce que le marché satisfasse l'intérêt public local, en d'autres termes à ce que ladite candidature constitue « le prolongement d'une mission de service public dont la collectivité ou l'établissement public de coopération a la charge… »

Une première approche consisterait à retenir que la tutelle est exclue, car dans ce cas, outre l'accord de volonté, il s'agit de contrat à titre onéreux, dans lequel chaque contractant reçoit une contrepartie, généralement un paiement pécuniaire en échange de la réalisation d'une prestation. Il ne peut pas y avoir, en l'espèce de contractualisation obligatoire, dès lors le cocontractant de la collectivité territoriale, en l'occurrence le département de Charente-Maritime,

44. Ordonnance du 23 juillet 2015, n° 2015-899.

45. CE Ass. 30 déc. 2014, *Société Armor SNC*, *AJDA* 2015, p. 7, conclusions B. Dacosta ; *BJCL* 2015, n° 99, p. 92.

a soumissionné à l'appel d'offres lancé par le département de la Vendée. Le consentement de la collectivité traduit la mise en œuvre du principe de libre administration et le respect de la tutelle.

Mais, en réalité, la question d'une tutelle implicite peut être posée eu égard aux règles applicables au contrat administratif. En effet, l'article 3 de l'ordonnance de 2015 précitée dispose que « les marchés publics relevant de la présente ordonnance passés par des personnes morales de droit public sont des contrats administratifs ». La nature administrative reconnue législativement à ces contrats pourrait entraîner des difficultés et des litiges liés à l'exécution desdits contrats. Les contrats administratifs présentent pour particularité de préserver les prérogatives de puissance publique de la collectivité publique contractante. Or, de telles prérogatives ont été esquissées, afin d'asseoir la position de la personne publique contractante face à son cocontractant, traditionnellement personne privée, en raison de la mission d'intérêt général qu'elle poursuit. Elles lui permettent ainsi de prononcer des sanctions, de disposer d'un pouvoir de direction et de contrôle ou encore d'un pouvoir de modification unilatérale[46]. On peut s'interroger alors sur leur mise en œuvre, dans le cas où une collectivité territoriale contracterait avec une personne morale de droit public, en l'occurrence une collectivité territoriale. Doit-on alors faire abstraction de la personnalité morale de droit public de la collectivité cocontractante et la considérer comme toute autre personne privée cocontractante ? Cette situation ne recèle-t-elle une potentielle tutelle implicite ?

Par ailleurs, des conditions exogènes à la contractualisation débouchant sur de véritables contrats pourraient bien traduire une forme de tutelle implicite.

46. P.-L. FRIER et J. PETIT, *Droit administratif*, 11e éd., Paris, LGDJ, 2017-2018, p. 480-484.

B. Les conditions liées à la maîtrise technique et aux capacités financières

En cas de contractualisation-contrat, il conviendrait de s'interroger sur les conditions entourant ce type de relation. Cette situation pourrait emporter des conséquences lourdes de portée par rapport à la contractualisation-concertation, dans la mesure où elle implique des obligations réciproques.

En premier lieu, la question se pose de savoir si les collectivités territoriales de petite taille sont réellement dotées des services en mesure d'évaluer la portée des engagements souscrits ? Plus précisément, cela consiste à savoir si la tutelle ne pourrait pas résulter de l'absence ou du défaut de maîtrise de l'expertise par ces collectivités territoriales de taille restreinte.

Celles-ci sauront-elles déceler une évolution des relations contractuelles ou de la contractualisation n'allant pas dans le sens de leur intérêt local ? Ou encore la tutelle ne surgirait-elle pas dans la faculté de la partie connaissant mieux le terrain d'orienter la rédaction de la convention à son avantage ?

La marge de manœuvre de la partie la moins favorisée résiderait-elle alors seulement dans une éventualité à « l'obliger à [re] négocier »[47] ? L'équilibre contractuel résulterait alors dans la méconnaissance des enjeux par le cocontractant (les indicateurs quantitatifs et qualitatifs). La meilleure connaissance ou la méconnaissance des enjeux ne joueraient-elles pas comme un curseur venant interférer avec l'équilibre les relations contractuelles[48] ?

En définitive, cela n'aboutirait-il pas, en l'absence d'égalité des parties sur le plan technique lié à la maîtrise de l'expertise, à ce que la partie la moins bien équipée n'adhère à des clauses contractuelles

---

47. Pour une illustration, voir les contrats entre l'État et les structures territoriales en matière sociale, M. LAROQUE, « La contractualisation comme technique de tutelle : l'exemple du secteur social », *AJDA* 2003, p. 976.
48. *Idem.*

dont elle ne maîtriserait qu'imparfaitement la portée ? Cette situation pourrait être, toute précaution gardée, rapprochée des relations entretenues par l'État avec les autres personnes publiques dans le cadre des contrats de programmation ou contrat d'objectifs, laquelle traduit dans les faits une certaine tutelle[49].

En second lieu, la question se pose aussi de savoir si l'aspect financier peut emporter une tutelle. À cette question, le Conseil d'État a énoncé une première réponse par l'arrêt *Département des Landes* du 12 décembre 2003. En l'espèce, le préfet du département contestait la délibération par laquelle le conseil général des Landes avait modulé les subventions versées sur son budget aux communes et à leurs syndicats pour la réalisation de travaux d'adduction d'eau potable et d'assainissement selon si la collectivité bénéficiaire gérait en régie le réseau exploité ou recourait à l'affermage. Il estimait qu'un tel mécanisme imposait une tutelle illégale.

En réponse, la Haute Juridiction administrative affirmait ainsi que

> « si la délibération litigieuse a entendu, par une modulation du taux des subventions, inciter financièrement les communes ou leurs syndicats à gérer en régie leurs réseaux d'eau et d'assainissement plutôt que de les affermer, elle n'a pas subordonné l'attribution de ces aides à une procédure d'autorisation ou de contrôle ».

En réalité, le Conseil d'État semble éluder le nœud du problème. D'une part, il se place sur le terrain de l'éventuelle atteinte au principe d'égalité devant les charges publiques qu'il ne confirme pas en l'espèce. D'autre part, il estime que la délibération querellée n'institue aucune prescription ou procédure technique pour en déduire l'absence de méconnaissance des dispositions proscrivant la tutelle d'une collectivité territoriale sur une autre.

49. G. MARCOU, « Les contrats entre l'État et les collectivités territoriales… », préc.

Bien entendu, il serait hasardeux de considérer que les subventions s'inscrivent dans une contractualisation-contrat et comportent des obligations réciproques pour les « parties » en présence. Mais comme le relevait le commissaire du gouvernement,

> « les subventions facilitent la réalisation d'un projet, modifient son coût…, modifient son calendrier et, pourquoi le nier, conditionnent parfois purement et simplement sa réalisation. La subvention départementale ou régionale peut être en pareil cas, le facteur déterminant de la réalisation du projet municipal. À cet égard, la subvention constitue incontestablement, par sa nature même, un mécanisme d'influence sur les décisions de gestion publique ; elle n'a que rarement le caractère d'une pure libéralité et elle se veut, le plus souvent, incitative »[50].

Les conditions d'octroi des subventions pourraient aboutir à une restriction du principe de libre administration, voire à une tutelle, si l'objectif d'incitation financière imposait une obligation à leur liberté décisionnelle ou une sanction à l'égard des communes et collectivités bénéficiaires desdites subventions. Par ailleurs, le département des Landes poursuivait comme objectif, à travers le mécanisme de modulation des subventions, d'inciter les collectivités bénéficiaires à se décider pour une gestion en régie moins coûteuse que pour un affermage.

Mais d'un autre côté, refuser au département d'établir un tel mécanisme de modulation, comme l'avait privilégié ultérieurement le législateur[51] dans la loi du 30 décembre 2006, revenait aussi à restreindre sa libre administration de mise en œuvre, notamment, à

50. F. SÉNERS, « La prohibition de la tutelle d'une collectivité territoriale sur une autre », concl. CE Ass. 12 décembre 2003, *Département des Landes*, *RFDA* 2004, p. 518.
51. Suite aux vifs débats suscités par l'arrêt CE Ass. 12 déc. 2003, le législateur avait adopté la loi du 30 décembre 2006 (nº 2006-1772) codifiant l'article L. 2224-11-5 du CGCT en ces termes : « Les aides publiques aux communes et groupements de collectivités territoriales compétents en matière d'eau potable ou d'assainissement, ne peuvent être modulées en fonction du mode de gestion du service. »

travers l'énonciation des conditions d'octroi desdites subventions. Car, « une politique publique de subventions n'est pas une forme de mécénat et la liberté de celui qui apporte son concours financier ne se borne pas à ouvrir ses caisses : elle lui permet de manifester des préférences dans l'engagement de ses crédits… »[52].

Il n'en demeure pas moins, en pratique, malgré l'adoption de la loi de 2006, que les décisions respectives des deux collectivités reposaient sur la libre administration reconnue à l'ensemble des collectivités territoriales.

La décision du 8 juillet 2011, rendue par le Conseil constitutionnel à l'occasion d'une QPC, est venue clarifier l'articulation du principe de libre administration. Le juge constitutionnel a précisé que l'interdiction posée par le législateur aux collectivités territoriales, « notamment aux départements, de moduler les aides allouées aux communes et groupements […] selon le mode de gestion du service […] restreint la libre administration des départements au point de méconnaître les articles 72 et 72-2 de la Constitution »[53]. En d'autres termes le principe de libre administration autorisait la modulation des aides financières[54].

Si une clarification est apportée à l'occasion de l'arrêt de 2011, elle n'épuise pas la principale question en suspens : la possibilité de moduler les subventions fondée sur le principe de libre administration ne restreint-elle pas le choix du mode de gestion d'un service arrêté

52. F. SÉNERS, concl. préc.
53. Cons. const. 8 juillet 2011, n° 2011-146 QPC, *Département des Landes (Aides publiques en matière d'eau potable ou d'assainissement)*, *Rec.* p. 341 ; J.-D. DREYFUS, « La liberté de décider les modalités d'octroi des subventions est protégée constitutionnellement », *AJCT* 2011, p. 561 ; P. DEMAYE-SIMONI, « Le principe de libre administration autorise la modulation des aides financières entre collectivités territoriales », *Constitutions* 2012, p. 51 ; M. VERPEAUX, « Quand le Conseil constitutionnel veille au respect de la libre administration des collectivités territoriales », *AJDA* 2011, p. 2067 ; J.-L. PISSALOUX, « De la difficulté de concilier la libre administration de toutes les collectivités », *Gaz. Pal.* 1er oct. 2011, n° 274, p. 25.
54. P. DEMAYE-SIMONI, préc.

par une autre collectivité sur le fondement de ce même principe ? N'y a-t-il effectivement aucune influence ou incitation pouvant en résulter ? Ou encore la solution énoncée par le juge constitutionnel ne renferme-t-elle pas des risques de tutelle implicite ? La question est d'autant plus majeure que la loi NOTRe aménage, au-delà des subventions, de nombreux cadres de participations financières d'une collectivité à des politiques menées par une autre. Ces financements croisés subsistent, notamment, pour les aides aux entreprises relevant en principe de la région ou, inversement, pour les aides relevant de la compétence des communes et la métropole de Lyon[55].

Le cadre de la contractualisation se trouve ainsi renforcé sans que la portée des mécanismes élaborés par le législateur n'ait été entièrement cernée à ce jour, laissant ainsi augurer de futurs litiges.

55. Article 3 de la loi NOTRe codifié aux articles L. 1511-2, L. 1511-3 et L. 1511-7 du CGCT.

Partie III

CONTRACTUALISATION EXTÉRIEURE DES COLLECTIVITÉS TERRITORIALES ET ASPECTS COMPARATIFS

L'ACTION EXTÉRIEURE DES COLLECTIVITÉS TERRITORIALES S'EST-ELLE RENFORCÉE EN MÊME TEMPS QUE LA DÉCENTRALISATION ?

par

Pierre TIFINE

Professeur de droit public
Université de Lorraine
Directeur adjoint de l'IRENEE (EA 7303)

La coopération internationale des collectivités territoriales est aujourd'hui un phénomène très répandu. En 2016, plus de 4 700 collectivités territoriales et groupements de collectivités territoriales français sont impliqués dans ce type d'actions avec plus de 8 300 collectivités partenaires dans 135 pays[1]. Si l'on veut comparer l'action de ces collectivités à l'action étatique, qui est évidemment beaucoup plus ancienne, on relèvera que la France entretient des relations diplomatiques avec 163 pays, ce qui est un bon indicateur du dynamisme des collectivités territoriales. La coopération internationale des collectivités territoriales est aussi un phénomène récent, même si certaines de ses modalités sont apparues bien avant l'acte I de la décentralisation qui s'est déroulé entre 1982 et 1986. Sa forme la plus ancienne, le jumelage, est apparue de façon isolée au Moyen

1. *Atlas français de la coopération décentralisée*, 2 décembre 2016, *www.diplomatie.gouv.fr/fr/politique-etrangere-de-la-france/action-exterieure-des-collectivites-territoriales/atlas-francais-de-la-cooperation-decentralisee/*.

Âge[2] avant de se développer de façon spontanée au lendemain de la Seconde Guerre mondiale dans le but de réconcilier les nations européennes. Ce phénomène a été encadré par un décret du 24 janvier 1956 créant auprès du ministre de l'Intérieur une commission chargée de coordonner les échanges internationaux dans le domaine communal[3]. Mais si le jumelage donne lieu à la conclusion d'une convention entre les communes concernées, souvent sous la forme d'une charte, il s'agit d'un instrument de droit souple qui n'implique aucun effet juridique[4]. Il n'en demeure pas moins que le décret de 1956 est important puisqu'il permet de reconnaître pour la première fois que les collectivités territoriales peuvent entretenir des relations avec des personnes publiques étrangères et que désormais l'État n'en a plus le monopole.

Sous une forme plus moderne, la coopération internationale des collectivités territoriales a pour origine la convention-cadre européenne du 21 mai 1980 conclue dans le cadre du Conseil de l'Europe – dite convention de Madrid – qui poursuivait un double objet. D'une part, elle voulait offrir aux États un cadre juridique préétabli pour passer des traités internationaux en matière de coopération transfrontalière. C'est sur la base de la convention-cadre de Madrid qu'ont été conclues quatre conventions essentielles en matière de coopération transfrontalière : le traité de Rome du 26 novembre 1993[5], entre la France et l'Italie ; le traité de Bayonne du 10 mars 1995 entre la

2. C'est le cas du jumelage entre la commune du Mans et la ville de Paderborn en Allemagne, qui existe depuis l'an 836. V. E.A. MAYNIU, *Jumemage historique Le Mans Paderborn*, Aud publishing, 2011.
3. *JO* 27 janvier 1957.
4. Voir dans ce sens R. SCHWARTZ, concl. sur CE 28 juillet 1995, *Commune de Villeneuve-d'Ascq*, req. n° 129838, *AJDA* 1995, p. 834.
5. D. n° 96-8, 2 janvier 1996, portant publication de l'accord entre le Gouvernement de la République française et le Gouvernement de la République italienne concernant la coopération transfrontalière entre collectivités territoriales, signé à Rome le 26 novembre 1993, *JO* 6 janvier 1996.

France et l'Espagne[6] ; le traité de Karlsruhe du 23 janvier 1996 entre la France, l'Allemagne, le Luxembourg et le conseil fédéral suisse agissant au nom des cantons de Soleure, de Bâle-Ville, de Bâle-Campagne, d'Argovie et du Jura[7] ; le traité franco-belge du 18 mars 2005[8]. D'autre part, la convention de Madrid avait pour objet de faciliter et de promouvoir la coopération transfrontalière en autorisant les « arrangements » entre collectivités et autorités territoriales. Si la notion « d'arrangement » est très vague, et si elle n'implique pas nécessairement des implications juridiques, elle n'en ouvre pas moins la possibilité d'une contractualisation de la coopération entre autorités territoriales d'États distincts.

Il faut dès à présent s'entendre sur les différentes notions, assez proches, qui peuvent être utilisées lorsque l'on évoque les relations qui peuvent être établies entre les collectivités territoriales de deux États différents. Pour l'essentiel, trois expressions coexistent : la coopération transfrontalière, l'action extérieure des collectivités territoriales, la coopération décentralisée.

---

6. D. n° 97-322, 2 avril 1997, portant publication du traité entre la République française et le Royaume d'Espagne relatif à la coopération transfrontalière entre collectivités territoriales, signé à Bayonne le 10 mars 1995, *JO* 11 avril 1997.

7. D. n° 97-798, 22 août 1997, portant publication de l'accord entre le Gouvernement de la République française, le Gouvernement de la République fédérale d'Allemagne, le Gouvernement du Grand-Duché de Luxembourg et le Conseil fédéral suisse, agissant au nom des cantons de Soleure, de Bâle-Ville, de Bâle-Campagne, d'Argovie et du Jura, sur la coopération transfrontalière entre les collectivités territoriales et organismes publics locaux (ensemble une déclaration), fait à Karlsruhe le 23 janvier 1996, *JO* 29 août 1997.

8. L. n° 2005-250, 18 mars 2005, autorisant l'approbation de l'accord entre le Gouvernement de la République française, d'une part, et le Gouvernement du Royaume de Belgique, le Gouvernement de la Communauté française, le Gouvernement de la Région wallonne et le Gouvernement flamand, d'autre part, sur la coopération transfrontalière entre les collectivités territoriales et organismes publics locaux, *JO* 19 mars 2005.

La coopération transfrontalière, tout d'abord, est définie par l'article 2 de la convention de Madrid comme « toute concertation visant à renforcer et à développer les rapports de voisinage entre collectivités ou autorités territoriales relevant de deux ou plusieurs Parties contractantes, ainsi que la conclusion des accords et des arrangements utiles à cette fin ». Dans son *Guide de la coopération transfrontalière* publié en 2006, la Mission opérationnelle transfrontalière, qui est un organisme relevant du Conseil de l'Europe, la définit comme « une démarche de coopération de proximité entre des entités publiques locales contigües relevant d'ordres juridiques nationaux différents autour de problématiques communes [...] elle est avant tout une coopération qui s'établit au sein de "bassins de vie" transfrontaliers traversés par des flux de toute nature »[9].

À l'origine, la coopération transfrontalière est une compétence exercée par l'État central en France – l'État fédéral ailleurs – dans le cadre de la conclusion d'accords ou de traités internationaux. À partir des années 1970, toutefois, cette compétence a été en partie déconcentrée en France au profit des préfets pour les affaires transfrontalières présentant un intérêt local[10]. Ce n'est seulement qu'à partir de l'acte I de la décentralisation que les collectivités territoriales accèderont à la capacité juridique qui leur permettra de mettre en œuvre elles-mêmes des opérations de coopération transfrontalière les engageant juridiquement. La loi nº 82-213 du 2 mars 1982[11] relative aux droits et libertés des communes, départements et régions, dans son article 65, prévoit en effet que « le conseil régional peut décider, avec l'autorisation du gouvernement, d'organiser, à des fins de concertation et dans le cadre de la coopération transfrontalière, des contacts réguliers avec des collectivités décentralisées étrangères ayant une frontière commune avec la région ». Comme on peut le

9. Conseil de l'Europe 2006, p. 10.
10. Voir sur ce point J. SOHNLE, « L'institutionnalisation de la coopération transfrontalière », *in La coopération transfrontalière en grande région*, EJFA 2017, p. 56.
11. *JO* 3 mars 1982.

constater, ce texte est à la fois lacunaire et imprécis. Lacunaire, tout d'abord, parce qu'il ne vise que les régions, à l'exclusion des autres catégories de collectivités territoriales, et qu'il ne s'attache qu'à la coopération transfrontalière qui constitue seulement une modalité particulière de l'action internationale des collectivités territoriales. Imprécis, ensuite, parce que la référence à la notion de « concertation » et à celle de « contacts réguliers » permet de s'interroger sur le caractère normatif des accords de coopération transfrontalière lesquels, de surcroît, nécessitent « une autorisation du gouvernement ».

Ceci étant, il est indéniable que le développement de la coopération transfrontalière et plus généralement de l'action internationale des collectivités territoriales est concomitante à la mise en œuvre effective de la décentralisation. Toutefois, plus que les dispositions ponctuelles de l'article 65 de la loi du 2 mars 1982, qui ne sauraient être considérées comme un socle solide pour le développement de cette action, c'est le changement de paradigme opéré par cette loi, la proclamation des droits et des libertés accordées aux collectivités territoriales, qui ont permis le développement de cette action. C'est aussi à cette époque que va apparaître un droit dérogatoire applicable aux relations extérieures de ce qu'on appelle alors les départements et les territoires d'outre-mer. L'article 9 de la loi n° 82-1171 du 31 décembre 1982 portant organisation des régions de Guadeloupe, de Guyane, de Martinique et de La Réunion[12] introduit un mécanisme d'association ouvrant la possibilité pour le gouvernement français de saisir le conseil régional de ces départements pour avis de tous projets d'accords concernant la coopération régionale dans différentes matières.

De fait, les nouvelles libertés accordées aux collectivités territoriales vont conduire au développement spontané de ce que la circulaire Mauroy du 26 mai 1983 va dénommer « l'action extérieure des collectivités locales ». Cette action englobe non seulement la

12. *JO* 1er janvier 1983.

coopération transfrontalière, seule visée par la loi du 2 mars 1982, mais également toutes formes de coopération interterritoriale entre une collectivité territoriale française et une institution locale étrangère. Le lien entre décentralisation et action internationale des collectivités territoriales est clairement affirmé par ce texte selon lequel « en attribuant des compétences et des moyens accrus aux collectivités locales, la politique de décentralisation donne à celles-ci la possibilité d'affermir leur identité et de développer leurs activités dans de nombreux domaines ». Il en résulte que « les communes, les départements et les régions peuvent, dans l'exercice de leurs attributions, être de la sorte appelés à entretenir des contacts avec des collectivités locales d'autres pays ». Le texte ajoute enfin que :

> « Le développement de ces contacts peut s'avérer avantageux non seulement pour les collectivités locales, mais encore pour le pays tout entier. Les régions, les départements et les communes de France peuvent en effet contribuer à démultiplier et à diversifier l'action de la France dans le monde. »

La notion d'action extérieure des collectivités territoriales sera consacrée par un décret du 8 juin 1983 qui porte nomination d'un délégué pour l'action extérieure des collectivités territoriales au ministère des Relations extérieures[13]. Dans les années qui suivent, l'expression de coopération décentralisée est apparue parallèlement à celle d'action extérieure des collectivités locales. Dans certains cas, elle est utilisée comme un synonyme de l'action extérieure des collectivités locales, tantôt comme une modalité particulière de celle-ci dans une perspective d'aide au développement sur l'axe nord-sud principalement à destination des pays africains[14]. Il faudra néanmoins attendre encore presque dix ans pour que le législateur reconnaisse expressément le droit des collectivités territoriales de mettre en œuvre des opérations de coopération décentralisée.

---

13. *JO* 9 juin 1983.
14. Voir sur ce point, Ch. AUTEXIER, « De la coopération décentralisée », *RDFA* 1993, p. 411.

En effet, l'expression de coopération décentralisée a supplanté celle d'action extérieure des collectivités locales dans la loi n° 92-125 du 6 février 1992 relative à l'administration territoriale de la République[15], sans pour autant que cette expression soit définie par ce texte. On peut toutefois retenir la définition donnée en 1991 par le délégué pour l'activité des collectivités locales. Selon cette définition, la coopération transfrontalière désigne

> « toutes les formes de l'action extérieure des collectivités locales et non plus seulement celles qui ont trait au développement des collectivités des pays du Sud : coopération transfrontalière, coopération interrégionale, coopération avec les collectivités des pays de l'Est, des pays du Nord, coopération extérieure de nos départements et territoires d'outre-mer »[16].

C'est seulement à partir de la loi du 6 février 1992 que les actions dites de coopération décentralisée ont été dotées d'un statut juridique unifié. Par la suite, dans le but de renforcer la sécurité juridique des interventions locales à l'étranger sont intervenues, la loi n° 95-125 du 9 février 1995, dite loi Oudin-Santini[17] et la loi n° 2007-147 du 2 février 2007 dite loi Thiollière[18].

L'utilisation de l'expression de coopération décentralisée pose néanmoins un certain nombre de difficultés. Tout d'abord, cette expression est trompeuse dans le sens où elle peut laisser croire que l'État a transféré aux collectivités territoriales sa politique de coopération internationale, ce qui évidemment n'est pas le cas. Ensuite, une ambiguïté subsiste concernant les acteurs de la coopération décentralisée. Il existe en effet deux approches possibles. Une première approche, restrictive, implique exclusivement des collectivités publiques locales de deux États distincts. Une seconde approche, extensive, implique tout type d'organisations de la société civile,

15. *JO* 8 février 1992.
16. Cité par Ch. AUTEXIER, art. préc., p. 412.
17. *JO* 9 février 1995.
18. *JO* 6 février 2007.

et notamment toutes formes d'organisations non gouvernementales qui pourraient coopérer avec une collectivité territoriale française[19]. Enfin, la décentralisation est une notion inventée en France et qui s'applique spécifiquement dans le cadre d'un État unitaire. Si le dynamisme international des collectivités territoriales françaises a été favorisé par la décentralisation, le recours à cette notion apparaît peu judicieux pour décrire des relations bilatérales avec des collectivités étrangères relevant d'États fédéraux ou unitaires qui souvent ignorent le concept de décentralisation.

Finalement, la loi n° 2014-773 du 7 juillet 2014 d'orientation et de programmation relative à la politique de développement et de solidarité internationale[20] va remplacer, dans le Code général des collectivités territoriales, l'expression de coopération décentralisée par celle – plus neutre du point de vue de l'organisation territoriale – d'action extérieure des collectivités territoriales et de leurs groupements.

Cette loi marque un terme, peut être provisoire, au flou conceptuel qui encadrait l'action internationale des collectivités territoriales. Elle consacre surtout une évolution qui a consisté à sécuriser progressivement l'action extérieure des collectivités territoriales en définissant de façon plus précise le cadre juridique de cette action. Ce cadre a également évolué, garantissant une plus grande liberté d'action aux collectivités territoriales. Cependant, c'est une évidence, cette évolution, comme toutes les manifestations de la décentralisation territoriale, n'a pas abouti à un dépassement du caractère unitaire de l'État français. C'est du point de vue du cadre imposé par la forme unitaire de l'État qu'il est intéressant d'appréhender cette évolution, en tant que manifestation de la « liberté surveillée » dont bénéficient les collectivités territoriales dans un État décentralisé. Selon

19. Voir sur ce point, F. DOUXCHAMPS, *La coopération décentralisée, une approche européenne nouvelle au service du développement participatif. Étude méthodologique*, Bruxelles, COTA, 1996.
20. *JO* 8 juillet 2014.

cette approche, on évoquera, dans un premier temps, la question des limites externes à l'action extérieure des collectivités territoriales qui résultent de la nécessité de respecter la compétence de l'État (I). On s'intéressa dans un second temps à la question des limites internes de l'action extérieure des collectivités territoriales qui doivent agir dans le strict cadre de leurs compétences, telles qu'elles sont définies par l'État (II).

I. Les limites externes de l'action extérieure des collectivités territoriales : le respect de la compétence de l'État

L'absence d'encadrement précis de l'action extérieure des collectivités territoriales s'explique en grande partie, avant 1992, par le principe de souveraineté en droit interne qui conduit au monopole de l'État dans les relations diplomatiques[21]. Plus précisément, le monopole de l'État est perçu comme une conséquence du principe d'indivisibilité de la République inscrit à l'article 1 de la Constitution du 4 octobre 1958. Ce monopole trouve sa traduction dans la compétence exclusive reconnue au Président de la République pour négocier et ratifier les traités[22], le cas échéant après intervention du législateur[23]. L'existence de ce principe n'a toutefois pas constitué un obstacle à un élargissement progressif des compétences des collectivités territoriales. Il constitue le socle à la fois du droit commun de l'action extérieure des collectivités territoriales (A), mais également des règles dérogatoires, plus souples, appliquées outre-mer (B).

21. Sur ce point, voir P.-Y. CHICOT, « Le droit français de l'action internationale : une analyse prospective », *JCP A* 2013, p. 2220.
22. Constitution du 4 octobre 1958, article 52.
23. *Ibid.*, article 53.

A. Le droit commun de l'action extérieure des collectivités territoriales

Les dispositions constitutionnelles excluent tout pouvoir des collectivités territoriales dans les relations diplomatiques, ce que rappelle le Conseil constitutionnel dans une décision du 19 juillet 1983 concernant la Nouvelle-Calédonie[24]. Interprétée de façon étroite, l'exclusion de toute compétence des collectivités territoriales pour nouer des relations avec un État étranger pourrait justifier une interdiction pour celles-ci de s'engager dans des relations contractuelles avec une collectivité infra-étatique étrangère.

Une partie de la doctrine a critiqué cette approche de la souveraineté qui aboutit à nier toute compétence internationale aux collectivités territoriales en se fondant, en l'absence de cadre juridique spécifique, sur des principes liés à la notion de décentralisation. Pour Christian Autexier[25], notamment, cette compétence serait l'une des expressions du principe de libre administration des collectivités territoriales consacré par l'article 72 de la Constitution. Elle peut donc s'exercer sous le contrôle étroit des autorités étatiques, le représentant de l'État devant notamment s'assurer que l'action extérieure des collectivités territoriales ne contrarie pas les « intérêts nationaux » visés par ces dispositions. L'existence, avant 1992, de nombreuses actions internationales des collectivités territoriales, en l'absence de dispositions spécifiques leur attribuant une compétence expresse, semble aller dans ce sens.

Il faut toutefois attendre la loi n° 92-125 du 6 février 1992[26] pour voir lever l'incertitude concernant les compétences internationales des collectivités territoriales. Ce texte consacre en effet un partage

24. Cons. const. 19 juillet 1983, n° 83-160 DC, *Convention fiscale avec la Nouvelle-Calédonie*.
25. Ch. AUTEXIER, « Le cadre juridique de l'action extérieure des régions », *RFDA* 1986, p. 568. Voir également R. LAFORE, « L'action à l'étranger des collectivités territoriales », *RDP* 1988, p. 763.
26. Préc.

de compétences entre l'État et ces collectivités. L'article 131 I de la loi, qui sera repris à l'article L. 1115-1 du Code général des collectivités territoriales, précise en effet que « les collectivités territoriales et leurs groupements peuvent conclure des conventions avec des collectivités territoriales étrangères et leurs groupements, dans les limites de leurs compétences et dans le respect des engagements internationaux de la France ». Il s'agit donc d'une compétence spécifique et non plus d'une compétence implicite résultant du principe de libre administration des collectivités territoriales ou de la clause générale de compétence.

Toutefois, cette compétence s'exerce dans le respect de la souveraineté de l'État, ce qui explique les limites prévues par la loi du 6 février 1992 et par les différents textes qui l'ont suivie.

Tout d'abord, les conventions de coopération décentralisée doivent respecter « les engagements internationaux de la France »[27]. Il est à noter que cette formulation est plus favorable aux libertés locales que celle retenue par le projet de loi qui soumettait la conclusion de ces conventions à l'existence d'un accord-cadre conclu préalablement entre la France et l'État concerné. Une telle formulation aurait constitué une réelle entrave au développement de l'action extérieure des collectivités territoriales, laquelle aurait été conditionnée par une approbation préalable de l'État, ce qui est contraire à l'esprit de la décentralisation. Dans la rédaction qui a été finalement retenue de ces dispositions, la restriction à la compétence des collectivités territoriales, qui n'a été modifiée ni par la loi n° 2007-147 du 2 février 2007[28] ni par la loi n° 2014-773 du 7 juillet 2014[29], implique seulement qu'elles ne doivent pas interférer dans la politique étrangère de la France.

27. Loi n° 92-125 du 6 février 1992, article 131, I al. 1er codifié à l'article L. 1115-1 du Code général des collectivités territoriales.
28. Préc.
29. Préc.

Ensuite, la loi du 6 février 1992 précise que les conventions de coopération décentralisée ne peuvent être conclues qu'avec « des collectivités territoriales étrangères et leurs groupements ». La référence à des « collectivités territoriales étrangères » a ensuite été remplacée par la loi du 2 février 2007 par l'expression plus neutre « d'autorités locales étrangères » qui est également celle retenue par la loi du 7 juillet 2014.

Cette restriction implique, d'une part, une interdiction faite aux collectivités territoriales françaises de conclure des conventions de coopération décentralisée avec des personnes privées. Cette prohibition est toutefois interprétée de façon souple par le Conseil d'État qui considère que rien n'interdit à une personne privée étrangère de signer une convention tripartite, dès lors que les deux autres signataires sont une collectivité territoriale française et une personne publique étrangère[30], et surtout, les collectivités territoriales françaises ont l'interdiction de conclure des conventions de coopération décentralisées avec un État étranger, ce qui sera expressément mentionné à l'article L. 1115-5 du Code général des collectivités territoriales créé par la loi n° 95-115 du 4 février 1995[31].

Sur ce point également, le droit positif a cependant connu un infléchissement. En effet, si le principe demeure que les conventions de coopération décentralisée ne peuvent être conclues par une collectivité territoriale française avec un État étranger, un certain nombre d'exceptions ont été admises.

---

30. CE 17 février 2016, *Région Rhône-Alpes*, n° 368342, *AJDA* 2016, p. 712 ; *JCP A* 2016, 2095, concl. E. Cortot-Boucher. Était ici en cause une convention entre la région Rhône-Alpes, la ville de Saint-Etienne, la wilaya d'Annaba, la commune d'Annaba et l'association diocésaine d'Algérie, ayant pour objet la restauration de la basilique Saint-Augustin d'Hippone à Annaba en Algérie, et la participation des collectivités signataires à son financement.
31. *JO* 5 février 1995.

La loi n° 2008-352 du 16 avril 2008 visant à renforcer la coopération transfrontalière, transnationale et interrégionale[32], dont l'objet est de rendre le droit français conforme au règlement européen n° 1083/2006 du 11 juillet 2006[33], complète l'article L. 1115-5 du Code général des collectivités territoriales en prévoyant une première exception lorsque « (la convention) a vocation à permettre la création d'un groupement européen de coopération territoriale (GECT) ». Ainsi, la création d'un GECT permet à une collectivité territoriale de contracter avec un État étranger, alors que pourtant le Conseil constitutionnel, dans sa décision n° 94-358 DC du 26 janvier 1995[34], avait considéré que le principe d'exclusivité de l'État se rattachait aux « conditions essentielles de l'exercice de la souveraineté ». Le Conseil d'État lui-même, dans son rapport de 2006 consacré au cadre juridique de l'action extérieure des collectivités locales, a pu émettre des doutes sur la conformité de ce nouveau dispositif à la Constitution[35]. Cela n'a pourtant pas empêché le législateur de prévoir deux nouvelles exceptions au principe visé par l'article L. 1115-5 du Code général des collectivités territoriales, dans la loi n° 2014-58 du 27 janvier 2014 de modernisation de l'action publique et d'affirmation des métropoles (MAPTAM)[36]. Cette loi autorise les collectivités territoriales françaises à conclure une convention avec un État étranger en vue de la création d'un groupement eurorégional de coopération (GEC) ou d'un groupement local de coopération transfrontalière (GLCT).

Les trois types d'accords visés par l'article L. 1115-5 constituent une forme très poussée de la décentralisation puisqu'elles remettent en cause le principe de l'exclusivité de la compétence de l'État dans le cadre de l'action diplomatique. Toutefois, leur conclusion donne lieu

32. *JO* 17 avril 2008.
33. *JOUE* 31 juillet 2006, L. 210/25.
34. *Rec. CC*, p. 183.
35. La Documentation française, 2006, n° 2, p. 60.
36. *JO* 28 janvier 2014.

à une intervention des autorités étatiques en amont de la procédure, par une autorisation préalable à la signature de la convention, et plus classiquement, en aval, par l'exercice du contrôle de légalité.

C'est justement l'existence du contrôle de légalité qui constitue la troisième limite à la compétence externe des collectivités territoriales en matière d'action extérieure. L'article 131 de la loi nº 92-125 du 6 février 1992[37] prévoit ainsi que les conventions de coopération décentralisée « entrent en vigueur dès leur transmission au représentant de l'État », le même article renvoyant aux dispositions de la loi nº 82-213 du 2 mars 1982[38] relatives au déféré préfectoral. Ces dispositions ont été reprises par l'article L. 1115-5 du Code général des collectivités territoriales. Il en résulte que si le préfet n'a pas la possibilité de se prononcer sur l'opportunité de ces conventions – sauf très probablement pour celles conclues avec des États étrangers – il va apprécier leur légalité au regard de la réglementation nationale avant, le cas échéant, de saisir le tribunal administratif territorialement compétent.

B. Le cadre dérogatoire de l'action extérieure des collectivités territoriales d'outre-mer

Comme on l'a vu, la loi nº 82-1171 du 31 décembre 1982 portant organisation des régions de Guadeloupe, de Guyane, de Martinique et de La Réunion[39] a marqué l'apparition d'un droit dérogatoire applicable aux relations extérieures des départements et régions d'outre-mer. Ces textes ouvrent la possibilité au gouvernement français de saisir le conseil régional de ces collectivités pour avis de tous projets d'accords concernant la coopération régionale « en matière économique, sociale, technique, scientifique, culturelle, de sécurité civile ou d'environnement ». La loi nº 84-747 du 2 août 1984 relative aux compétences des régions de Guadeloupe, de Guyane, de Martinique

37. Préc.
38. Préc.
39. Préc.

et de La Réunion[40] va ensuite étendre cette procédure d'avis à toutes questions en rapport avec la zone économique exclusive. Surtout, précisément sur ces questions, l'article 13 de la loi de 1984, prévoit que la consultation des conseils régionaux des régions concernées est obligatoire, alors qu'elle était facultative pour les accords de coopération régionale au titre de l'article 9 de la loi du 31 décembre 1982.

Une circulaire du 12 mai 1987 relative aux relations internationales et à l'action extérieure des départements-régions d'outre-mer[41] va même plus loin dans son interprétation des dispositions des lois de 1982 et de 1984. Elle vise en effet les conseils généraux, alors pourtant que ces lois, comme la loi du 31 mars 1982 pour les collectivités locales de droit commun, ne visaient que l'action des conseils régionaux.

Si les règles nouvelles appliquées aux régions d'outre-mer sont d'une audace toute relative, il en va tout autrement concernant les statuts particuliers adoptés en 1984, applicables à la Polynésie française et à la Nouvelle-Calédonie, qui relevaient alors de la catégorie des territoires d'outre-mer[42]. Ces textes prévoient notamment que l'exécutif territorial peut proposer au gouvernement de la République l'ouverture de négociations en vue de la conclusion d'accords internationaux[43]. Cet exécutif peut participer aux négociations, voire même négocier certains accords par délégation de l'État.

L'action extérieure des collectivités territoriales situées outre-mer s'est par la suite considérablement développée. Ce développement s'explique essentiellement pour deux raisons. D'une part, par la volonté de mieux intégrer ces collectivités dans un espace régional très éloigné géographiquement et culturellement de la métropole.

---

40. *JO* 3 août 1984.
41. *JO* 16 mai 1987.
42. Voir respectivement : loi n° 84-820 du 6 septembre 1984, portant statut du territoire de la Polynésie française, *JO* 7 septembre 1984 ; Loi n° 84-821du 6 septembre 1984, portant statut du territoire de la Nouvelle-Calédonie, *JO* 7 septembre 1984.
43. Voir respectivement *ibid.*, article 39 et article 41.

D'autre part, sur un plan plus général, par l'une des idées force de l'acte II de la décentralisation, initié par la révision constitutionnelle du 28 mars 2003, qui consiste à admettre plus facilement l'existence de statuts différenciés au sein de l'État unitaire.

Mais avant cela, c'est d'abord la Nouvelle-Calédonie, qui est une collectivité territoriale *sui generis* régie par le titre XIII de la Constitution, qui a bénéficié de compétences élargies suite à l'adoption de la loi organique nº 99-209 du 19 mars 1999[44], modifiée par la loi organique nº 2013-1027 du 15 novembre 2013[45]. Si l'article 11,II, 1° de la loi organique affirme la compétence de l'État en matière de « relations » extérieures, c'est sous réserve des compétences reconnues à la Nouvelle-Calédonie par les articles 28 et suivants du même texte. Ainsi, en application de l'article 28 de la loi organique, dans les domaines de compétence de l'État, les autorités de la République peuvent confier au président du gouvernement du territoire les pouvoirs lui permettant de négocier et signer des accords avec un ou plusieurs États, territoires ou organismes régionaux du Pacifique[46]. Surtout, en application de l'article 29, cette délégation des autorités centrales n'est pas nécessaire lorsque l'accord relève des domaines de compétence de la Nouvelle-Calédonie. Dans ce cas, en effet, l'autorisation de négocier est donnée par le congrès de Nouvelle-Calédonie à son président. Toutefois, les autorités de la République doivent être informées de l'autorisation de négocier et elles seront représentées au sein de la négociation sur leur demande. Dans les deux hypothèses visées, il existe deux limites constitutionnelles à la compétence des autorités du territoire, mais qui sont identiques à celles imposées aux autorités de l'exécutif dans le cadre des accords et des traités qu'elles négocient. Tout d'abord, conformément à l'article 52 de la Constitution, le Président de la République est informé de la négociation lorsque l'accord n'est pas soumis à

44. *JO* 21 mars 1999.
45. *JO* 16 novembre 2013.
46. Loi organique du 3 août 2009, article 28.

ratification. Ensuite, en application de l'article 53 de la Constitution, dans certaines matières, la ratification ou l'approbation doivent donner lieu à l'intervention du législateur. La Nouvelle-Calédonie bénéficie par ailleurs d'autres compétences internationales. L'article 30 de la loi organique prévoit que le président et les présidents des assemblées de province sont associés aux négociations relatives aux relations entre la Nouvelle-Calédonie et l'Union européenne. L'article 31 précise que la Nouvelle-Calédonie peut, avec l'accord des autorités de la République, être membre, membre associé ou observateur auprès d'organisations internationales. L'article 32 lui permet enfin de disposer d'une représentation auprès des États ou territoires du Pacifique, sous la seule réserve d'avoir informé au préalable les autorités de la République.

Les collectivités d'outre-mer (COM), qui se substituent aux territoires d'outre-mer suite à la révision constitutionnelle de 2003, bénéficient de compétences similaires. C'est le cas pour la Polynésie française, en application de la loi organique n° 2004-192 du 27 février 2004[47], de Saint-Pierre et Miquelon, Saint-Barthélemy et Saint-Martin, en application de la loi organique n° 2007-223 du 21 février 2007[48]. Relevons toutefois que pour la Polynésie française, pour Saint-Barthélemy[49] et Saint-Martin[50], le domaine de compétence attribué – sauf exception – aux autorités étatiques est celui relatif « à la politique étrangère » alors que les dispositions applicables à la Nouvelle-Calédonie, comme on l'a vu, visaient de façon plus large, mais aussi plus neutre « les relations extérieures ». Cela n'implique certainement pas que les autorités calédoniennes aient des compétences moindres que, par exemple, les autorités polynésiennes. Le

47. *JO* 2 mars 2004.
48. *JO* 22 février 2007. Dispositions codifiées aux articles LO 6461-14 et s. du Code général des collectivités territoriales pour Saint-Pierre et Miquelon ; – LO 6251-14 et s. pour Saint-Barthélemy ; – LO 6351-14 et s. pour Saint-Martin.
49. CGCT, article LO 6252-19.
50. CGCT, LO 6352-19.

glissement sémantique est toutefois intéressant. Sans vouloir donner trop d'importance à ce point, cela peut impliquer que l'intervention de ces autorités n'est plus considérée comme une sorte d'intrusion dans le champ des compétences régaliennes, mais comme une compétence naturellement partagée entre les autorités centrales et les COM.

Il en va *a priori* autrement concernant les départements et régions d'outre-mer (DROM). En effet, à la différence des COM qui sont régis par le principe de spécialité législative et réglementaire, les DROM sont régis par un principe d'identité. Mais on le sait, derrière l'apparente simplicité de cette distinction, il existe une grande diversité de régimes juridiques et, dans l'ensemble, les DROM sont régis par des règles assez nettement différentes de celles applicables aux collectivités territoriales métropolitaines. Plus particulièrement, les compétences internationales des DROM se sont étoffées suite à l'adoption de la loi d'orientation pour l'outre-mer n° 2000-1207 du 13 décembre 2000[51], qui s'appliquait aux conseils généraux et aux conseils régionaux des quatre DROM originaux[52]. La loi n° 2010-1487 du 7 décembre 2010 relative au département de Mayotte[53] et la loi n° 2011-884 du 27 juillet 2011 relative aux collectivités territoriales de Guyane et de Martinique[54] ont repris ces dispositions pour les collectivités uniques de Mayotte, de Guyane et de Martinique, conformément au dernier alinéa de l'article 73 de la Constitution. Les assemblées délibérantes de ces collectivités peuvent être saisies pour avis sur certains projets d'accord de coopération régionale entre la République française et les États voisins de leur zone géographique[55]. Elles peuvent aussi saisir le gouvernement de toute proposition tendant à l'adhésion de la France aux organismes

51. *JO* 14 décembre 2000.
52. Il s'agit de la Guadeloupe, Guyane, Martinique et de La Réunion.
53. *JO* 8 décembre 2010.
54. *JO* 28 juillet 2011.
55. Voir pour les ROM, CGCT, art. L. 4433 ; – art. L. 7153-2, pour la Guyane ; – art. L. 7253-2, pour la Martinique.

de coopération régionale des zones correspondantes[56]. De même, elles peuvent saisir le gouvernement de toute proposition tendant à l'adhésion de la France à ces organismes[57].

Deux autres séries de dispositions accordent des prérogatives particulièrement étendues aux DROM en matière d'action extérieure, ce qui les rapproche des COM. D'une part, dans leurs domaines de compétences, les assemblées peuvent, par délibération, demander aux autorités de la République d'autoriser leur président à négocier, dans le respect des engagements internationaux de la République, des accords avec un ou plusieurs États, territoires ou organismes régionaux[58]. D'autre part, dans les domaines de compétence de l'État, les autorités de la République peuvent délivrer pouvoir au président pour négocier et signer des accords avec un ou plusieurs États ou territoires voisins ou avec des organismes régionaux des aires correspondantes. Dans les autres cas, le président peut être associé, ou participer au sein de la délégation française aux négociations des accords[59]. Le Conseil constitutionnel a considéré que ces dispositions ne portaient atteinte ni à l'exercice de la souveraineté nationale ni à l'exclusivité des compétences de l'État en matière internationale dès lors que les exécutifs locaux agissent sur autorisation des autorités de la République et dans le cadre des procédures prévues par les articles 52 et 53 de la Constitution[60]. De cette façon, comme l'a relevé le Conseil d'État dans son rapport de 1996, l'existence de ce garde-fou « permettrait de sauvegarder les apparences constitutionnelles »[61]. On peut même considérer que ces textes ne contreviennent pas à l'esprit de la décentralisation dès lors que les prérogatives reconnues aux DROM

56. Voir pour les DOM, CGCT, art. L. 3441-2. – art. L. 4433-4-1, pour les ROM ; – art. L. 7153-2, pour la Guyane ; – art. L. 7253-2, pour la Martinique
57. Voir pour les DOM, CGCT, art. L. 3441-6 ; – art. L. 4433-4-5, pour les ROM ; – art. L. 7153-6, pour la Guyane ; – art. L. 7253-6 pour la Martinique.
58. Voir respectivement CGCT, art. L. 3441-4, L. 4433-4-3, L. 7153-4 et L. 7253-4.
59. Voir respectivement CGCT, art. L. 3441-3, L. 4433-4-2, L. 7153-3 et L. 7253-3.
60. Con. const. 7 décembre 2000, n° 2000-435 DC.
61. Préc. n° 2, p. 50 et s.

demeurent strictement encadrées par l'État et c'est exactement la même réflexion qui peut être formulée à propos des limites internes de l'action extérieure des collectivités territoriales.

II. Les limites internes de l'action extérieure des collectivités territoriales : le respect des compétences des collectivités territoriales

À l'origine, la compétence des collectivités territoriales en matière d'action extérieure était doublement limitée par une condition de fond tenant à l'existence d'un intérêt public local et par une condition de procédure exigeant la conclusion d'une convention (A). Elle s'est ensuite progressivement affranchie de ce carcan, ce qui aboutit à leur reconnaître une compétence étendue dans ce domaine (B).

A. Une action extérieure initialement conditionnée par l'existence d'un intérêt public local et par la conclusion d'une convention

Les limites internes de l'action extérieure des collectivités territoriales ont été définies par l'article 131, I de la loi n° 92-125 du 6 février 1992[62] selon lequel ces collectivités peuvent conclure des conventions avec des collectivités territoriales étrangères « dans les limites de leurs compétences ». Comme on l'a mentionné, la coopération décentralisée est alors considérée comme un prolongement de leurs compétences de droit commun, comme une modalité particulière d'exercice de ces compétences.

Selon l'interprétation qui en sera donnée par la jurisprudence, la référence aux compétences des collectivités territoriales ne renvoie pas aux lois de répartition, mais à la notion d'intérêt public local qui renvoie directement à l'ancrage territorial de ces collectivités.

62. Préc.

Dans un premier temps, cette notion a pu constituer un frein à l'action extérieure des collectivités territoriales. Certes, le Conseil d'État a toujours considéré que les limites géographiques ne bornent pas nécessairement l'intérêt de ces collectivités. Mais dans ce cas, le juge doit rechercher l'existence d'un lien entre la décision contestée et la population locale[63]. C'est dans ce sens qu'il faut comprendre l'arrêt de section du Conseil d'État du 28 juillet 1995, *Commune de Villeneuve-d'Ascq*[64], dont il faut préciser qu'il concerne des faits antérieurs à l'entrée en vigueur de la loi du 6 février 1992. Était contestée dans cette affaire la légalité d'une décision visant à verser deux bourses d'études destinées à des étudiants étrangers originaires de municipalités jumelées avec la commune de Villeneuve-d'Ascq. Cette décision n'étant pas susceptible de s'inscrire dans le cadre des compétences expresses de la commune, le Conseil d'État s'est donc fondé sur la clause de compétence générale. Le fait que l'université accueillant ces étudiants soit située sur le territoire de la commune conduit les juges à considérer que la délibération litigieuse revêtait un intérêt communal.

Cet arrêt, ainsi que la reconnaissance d'une compétence explicite des collectivités territoriales en matière de coopération décentralisée par la loi de 1992 ont souvent été mal compris par les pouvoirs publics. En particulier, une circulaire interministérielle du 20 avril 2001 indique qu'il existe une présomption d'intérêt local des actions de coopération décentralisée dès lors qu'il existe une convention entre une collectivité territoriale française et une collectivité étrangère[65]. En d'autres termes, l'existence d'une convention constituerait un lien suffisant pour établir l'intérêt local de l'action de coopération. La collectivité territoriale française pourrait donc agir, selon ce texte,

63. CE sect. 6 mars 1981, *Association de défense des habitants du quartier de Chèvre-morte et autres*, n° 0019, *Rec.*, p. 125 ; *RDP* 1981, p. 1695, note J.-M. Auby.
64. Préc.
65. NOR/INT/B/01/00124/C.

en cas « d'événements touchant la population (de la) collectivité étrangère liée (par convention) même s'il n'y a pas dans celle-ci de clause d'assistance mutuelle explicite ».

Dans une décision très remarquée, le tribunal administratif de Poitiers[66] a condamné cette interprétation, considérant que l'intérêt local ne pouvait être reconnu qu'en cas de retombées directes pour la population de la collectivité territoriale française concernée. Une telle approche constituait donc un obstacle à la fois à l'aide au développement et à l'aide humanitaire d'urgence. Ainsi, dans l'affaire jugée par le tribunal administratif de Poitiers, le fait que la coopération engagée avec les pompiers de Madagascar constitue « un outil de management très efficace vis-à-vis du personnel, notamment parce qu'il permet aux pompiers du département de relativiser les difficultés qu'ils peuvent rencontrer » ne suffit pas à reconnaître l'intérêt local de cette action.

Dans son étude de 1996, le Conseil d'État relève que cette décision a constitué un « électrochoc »[67] dans le sens où elle a fait prendre conscience aux collectivités territoriales de la fragilité juridique de leurs actions de coopération décentralisée[68]. Critiquant le jugement du tribunal administratif de Poitiers, le Conseil d'État avait également considéré que l'intérêt local devait être présumé lorsque l'action de coopération décentralisée se rattache à un domaine de compétence d'attribution de la collectivité territoriale. Ainsi, il

> « importerait peu que l'action de coopération décentralisée effectuée dans le cadre d'une convention présente un intérêt pour la population locale en France dès lors qu'elle entre dans le champ des compétences spécifiques de la collectivité

66. TA Poitiers, 18 novembre 2004, *Charbonneau c/Département des Deux-Sèvres*, *AJDA* 2005, p. 486, note Y. Gounin. Voir également TA Cergy-Pontoise, 25 novembre 2004, *Préfet de la Seine-Saint-Denis*, nº 0203571.
67. Étude du Conseil d'État, préc. nº 2, p. 71.
68. Voir sur ce point A. CABANES et A. ROBBES, *La coopération décentralisée : comment s'extraire des contingences de l'intérêt public local ?*, *AJDA* 2003, p. 593.

> territoriale. Cette présomption résulterait de l'intention du législateur qui, en 1992, aurait entendu autoriser largement des actions de coopération décentralisée »[69].

C'est ce raisonnement qui sera repris par plusieurs juridictions du fond. C'est le cas notamment de la cour administrative d'appel de Douai qui a pu considérer, à l'occasion d'un arrêt *Delcroix* du 13 mai 2004[70] que même si un projet d'aide au développement impliquant la région Picardie et une région béninoise « n'aurait pas de répercussions concrètes immédiates sur la région », ce projet

> « doit donner l'occasion à un ensemble de partenaires locaux [...] – structures agricoles, chambres consulaires, associations, structures intercommunales, universités – de s'associer à cette démarche et de mobiliser à cette fin leur savoir-faire en matière de développement local et d'action décentralisée ».

C'est la même approche qui sera retenue par la cour administrative d'appel de Bordeaux dans son arrêt *Département des Deux-Sèvres* du 30 octobre 2007[71] qui censure la décision du tribunal administratif de Poitiers du 18 novembre 2004.

On voit bien cependant que l'intérêt local constitue un fondement fragile à la coopération décentralisée. En effet, quoiqu'en disent les cours administratives d'appel de Douai et de Bordeaux, les retombées de ces actions, particulièrement dans le domaine de l'aide au développement et dans celui de l'aide humanitaire, concernent presque exclusivement le cocontractant étranger, ce qui pose une difficulté notable au regard de la référence à l'intérêt local par l'article L. 1115-1 du Code général des collectivités territoriales.

Comme on le verra, c'est cette difficulté qu'a voulu résoudre la loi n° 2007-147 du 2 février 2007[72] dite « loi Thiollère » qui modifie l'article L. 1115-1 en éliminant toute forme de référence indirecte à

69. Étude précitée du Conseil d'État, p. 54.
70. n° 02DA00929.
71. *AJDA* 2008, p. 198, note Y. Gounin; *JCP A* 2008, act. 40, note P. Combeau.
72. Préc.

la notion d'intérêt local. Ceci étant, ces dispositions ont vocation à s'appliquer aux seuls cas où l'action de coopération décentralisée conduit à la conclusion d'une convention. La jurisprudence a en effet admis la possibilité de mener des actions d'aide au développement et d'aide humanitaire en dehors de toute convention. Dans ce cas, ces actions seront menées non pas dans le cadre de la compétence spécifique reconnue aux collectivités territoriales par l'article sus-mentionné, mais dans les limites de la clause générale de compétence, ce qui renvoie à la notion d'intérêt public local. C'est cette solution qui a été retenue par le tribunal administratif dans une décision *Le Pen c/Région Île-de-France* du 11 juillet 2008[73] et par la cour administrative d'appel de Lyon dans un arrêt du 12 avril 2010, *Région Rhône-Alpes*[74].

À l'évidence le cadre législatif manquait à la fois de clarté et de souplesse et sa rigueur apparaissait en décalage avec le dynamisme des collectivités territoriales et matière d'action extérieure. C'est toutefois à partir de la loi de 2007 qu'a été initié un mouvement qui va finalement affranchir cette action de l'exigence d'un intérêt public local et de la nécessité de conclure une convention.

B. Une action extérieure affranchie des limites liées à l'exigence d'un intérêt public local et à la nécessité de conclure une convention

Inspirée par le rapport du Conseil d'État de 2006, la loi n° 2007-147 du 2 février 2007 a voulu, comme on l'a vu, affranchir les actions de coopération décentralisée des contingences territoriales liées à l'exigence d'un intérêt local. La coopération décentralisée devient une compétence d'attribution des collectivités territoriales et non plus

---

73. *AJDA* 2008, p. 2341, note Y. Gounin. Voir également dans la même affaire CAA Paris 1er décembre 2009, *Région Île-de-France*, n° 08PA04754, *AJDA* 2010, p. 329, note Y. Gounin; *Dr. adm.* 2010, comm. 108, note J.-Ch. Lubac; *La Lettre du cadre territorial* 2010, n° 394, p. 64, note O. Guillaumont.

74. CAA Lyon 12 avril 2010, *Région Rhône-Alpes*, n° 08LY00246.

une conséquence de la clause générale de compétence. Il en résulte que la légalité des actions entreprises dans ce domaine n'est plus subordonnée à l'existence de retombées concrètes pour les habitants de la collectivité.

Ce n'est d'ailleurs pas là le seul apport de la loi du 2 février 2007 qui complète l'article L. 1115-1 du Code général des collectivités territoriales d'un second alinéa selon lequel « si l'urgence le justifie, les collectivités territoriales et leurs groupements peuvent mettre en œuvre ou financer des actions à caractère humanitaire ». Ce second alinéa doit être compris comme une exception à l'exigence d'une convention préalable visée par l'alinéa premier de cet article. Le formalisme de la convention apparaîtrait en effet manifestement excessif dans de telles situations. Des précisions intéressantes concernant ce dispositif ont été apportées par le tribunal administratif de Marseille dans une décision *Szabo de Edelenyi* du 27 mars 2010[75]. Après avoir précisé qu'une aide extra-conventionnelle pouvait également bénéficier aux victimes civiles d'un conflit armé, les juges ont rappelé que les dispositions susvisées ne sauraient avoir pour objet d'autoriser une assemblée délibérante locale à prendre position dans un conflit de nature politique. Or tel était justement le cas en l'espèce, la subvention versée procédant directement d'une prise de position de la majorité municipale dans un conflit de nature politique, en l'occurrence le conflit israélo-palestinien.

Il ne faut pas oublier non plus qu'avant même l'adoption de la loi « Thiollère », la loi n° 2005-95 du 9 février 2005 relative à la coopération internationale des collectivités territoriales et des agences de l'eau dans le domaine de l'alimentation en eau et de l'assainissement[76], dite loi « Oudin » avait déjà permis aux collectivités et à leurs groupements de mener des actions de coopération dans le domaine de l'eau et de l'assainissement. Ces actions, qui seront étendues au

---

75. *AJDA* 2010, p. 1372, note Y. Gounin et O. Guillaumont.
76. Préc.

domaine de la distribution publique d'électricité et de gaz par la loi n° 2006-1537 du 7 décembre 2006 relative au secteur de l'énergie[77], préfiguraient déjà les règles qui deviendront en 2007 le droit commun de la coopération décentralisée. En effet, l'article L. 1511-1-1 du Code général des collectivités territoriales qui a été créé par cette loi vise à la fois les actions de coopération décentralisée entreprises dans ce domaine sur le fondement d'une convention, mais également, hors convention « les actions d'aide d'urgence [...] ainsi que des actions de solidarité internationale dans les domaines de l'eau et de l'assainissement et de la distribution publique d'électricité et de gaz ».

Si la loi « Oudin » et surtout la loi « Thiollère » ont donné un fondement juridique incontestable aux opérations de coopération décentralisée, l'état du droit, tel qu'il a été façonné par ces textes, ne présentait pas moins une certaine complexité. En effet, l'action des collectivités territoriales dans ce domaine pouvait reposer sur quatre fondements différents :

- l'article L. 1115-1 alinéa 1 du Code général des collectivités territoriales en cas de convention de coopération, sans qu'il soit nécessaire de démontrer l'existence d'un intérêt local ;
- l'article L. 1115-1 alinéa 2 pour les actions humanitaires sans convention ;
- l'article L. 1115-2 pour les actions de coopération dans le domaine de l'eau, de l'assainissement et de la distribution publique d'électricité et de gaz avec ou sans convention, sans référence à l'intérêt local ;
- la clause générale de compétence pour toutes les autres actions soumises à l'existence d'un intérêt local.

77. *JO* 8 décembre 2006.

Une simplification de ces règles a été opérée par la loi n° 2014-773 du 7 juillet 2014 d'orientation et de programmation relative à la politique de développement et de solidarité internationale[78]. Cette loi reprend d'abord une proposition du rapport Laignel qui était favorable à une « notion d'action extérieure des collectivités territoriales qui intègre et dépasse celle de coopération décentralisée »[79]. Elle abandonne donc la notion de coopération décentralisée pour la remplacer par celle d'action extérieure. Ensuite, les actions à caractère humanitaire, qui faisaient l'objet de dispositions spécifiques dans la loi « Thiollère », relèvent désormais des mêmes règles que les actions de coopération et d'aide au développement. La compétence des collectivités territoriales est élargie et ses conditions sont assouplies. D'une part, la conclusion d'une convention, qui était obligatoire pour ces deux derniers types d'actions, n'est plus considérée que comme une modalité particulière de mise en œuvre des actions de coopération internationale. L'alinéa 2 de l'article L. 1115-1 du Code général des collectivités territoriales prévoit en effet que c'est seulement « le cas échéant » que les collectivités territoriales et leurs groupements vont conclure, dans le cadre de leur action extérieure, des conventions avec des autorités locales étrangères. Ceci étant, en dehors des actions humanitaires urgentes, la présence d'une convention paraît indispensable en vue d'assurer la sécurité juridique des actions extérieures des collectivités territoriales. D'autre part, l'action extérieure est désormais totalement affranchie de la référence à l'intérêt public local et elle a vocation à embrasser l'ensemble des actions extérieures des collectivités territoriales, quel que soit leur domaine et – comme on vient de l'évoquer – quelles que soient les modalités de leur mise en œuvre. Notons toutefois que la loi du 7 juillet 2014 n'a pas abrogé les dispositions de l'article L. 1115-1-1 du Code général des collectivités territoriales relatives aux actions de coopération dans le domaine de l'eau et de l'assainissement et de

78. Préc.

79. Rapport précité, p. 27.

la distribution publique d'électricité et de gaz. Cet article continue d'exiger la conclusion d'une convention entre la collectivité territoriale française et la collectivité étrangère, excepté dans les domaines de l'aide d'urgence et des actions de solidarité internationale, ce qui paraît peu cohérent au regard des autres règles désormais en vigueur.

***
*

Au terme de cette étude et au regard de l'évolution du droit positif, il est possible de formuler deux observations. En premier lieu, l'action extérieure des collectivités territoriales demeure bornée par une limite externe qui tient au respect des engagements internationaux de la France. En dépit des assouplissements que l'on a pu décrire, concernant notamment l'outre-mer, les autorités centrales demeurent maîtresses de leur compétence, ce qui est un trait commun à l'ensemble des problématiques liées à la décentralisation et à la perpétuation du modèle unitaire. En second lieu, on n'omettra pas de souligner que les évolutions traduites par la loi du 7 juillet 2014 sont aussi liées aux évolutions les plus récentes de la décentralisation et plus précisément à la suppression de la clause de compétence générale des régions et des départements. Une fois encore, l'évolution du modèle de l'État unitaire décentralisé influe sur les modalités de l'action extérieure des collectivités territoriales. En effet, si la notion d'intérêt local avait toujours conditionné l'action extérieure des collectivités territoriales, elle aurait limité de façon drastique les interventions dans ce domaine des départements et des régions, à moins de leur reconnaître une compétence d'attribution spécifique dans ce domaine[80]. Certes, la loi du 7 juillet 2014 est antérieure à la loi n° 2015-991 du 7 août 2015 portant nouvelle organisation territoriale de la République (loi NOTRe)[81] qui concrétise cette évolution. Il ne faut pas oublier,

80. Voir sur ce point, Y. GOUNIN et O. GUILLAUMONT, « Le cadre juridique de la coopération décentralisée », *AJDA* 2011, p. 541.
81. *JO* 8 août 2015.

cependant, que la restriction de la clause générale de compétence aux seules communes avait été initialement programmée par la loi n° 2010-1563 du 16 décembre 2010 de réforme des collectivités territoriales[82] avant d'être déprogrammée par la loi n° 2014-58 du 27 janvier 2014 de modernisation de l'action publique territoriale et d'affirmation des métropoles (MAPTAM)[83]. Mais comme on le sait, peu après l'adoption de cette loi, le gouvernement avait fait volte-face en exprimant sa volonté d'adopter un nouveau texte supprimant la clause générale de compétence des départements et des régions. Dans ce contexte, il est apparu important pour le législateur, dans le cadre de l'adoption de la loi du 7 juillet 2014, de sécuriser l'ensemble du dispositif de l'action extérieure des collectivités territoriales, en éliminant toute référence directe ou indirecte à l'intérêt public local qui aurait pu entraver l'action future des départements et des régions. Elle permet également de compenser les effets de cette suppression par l'élargissement des fondements de l'action extérieure des collectivités territoriales.

82. *JO* 17 décembre 2010.
83. Préc.

LA CONTRACTUALISATION DE L'ACTION PUBLIQUE LOCALE ENTRE PERSONNES PUBLIQUES EN ALLEMAGNE

par

Jérôme GERMAIN

Maître de conférences HDR de droit public
Université de Lorraine, IRENEE (EA 7303)

Les développements suivants sur la contractualisation de l'action publique locale entre personnes publiques en Allemagne vont faire apparaître quelques différences d'approches essentielles.

D'une part, cette contractualisation semble à la fois plus ancienne et moins normée qu'en France. Elle s'inscrit dans la pratique du contrat administratif et des formes les moins instutionnalisées de la coopération intercommunale.

D'autre part, alors que le contrat administratif ne possède qu'un champ d'application restreint outre-Rhin, il représente l'instrument privilégié de cette contractualisation de l'action publique locale entre personnes publiques. Il constitue même une des modalités les plus traditionnelles de la coopération intercommunale.

Le droit européen apporte de nouvelles problématiques avec lui au sein de cette branche du droit. Il oblige à délimiter la contractualisation entre personnes publiques de l'action publique locale, la passation de commandes publiques et le droit de la concurrence.

Nous allons tout d'abord délimiter le cadre de la contractualisation entre personnes publiques (I) avant de préciser ses contours au niveau intercommunal (II).

I. le cadre de la contractualisation entre personnes publiques

La contractualisation entre personnes publiques, au niveau local ou non, présuppose la possibilité de recourir au contrat (A) et de pouvoir contractualiser certaines missions (B).

A. le contrat administratif

Le droit public allemand entretient une certaine méfiance traditionnelle envers la formule du contrat. D'après la doctrine fondatrice du droit administratif allemand, l'administration agit de façon unilatérale[1]. L'accord de volonté et la réciprocité des obligations ont longtemps semblé propres au droit privé. Cette conception souverainiste d'un État qui ne pactise pas semble toutefois aujourd'hui révolue. La recherche de l'efficacité pousse à rechercher l'adhésion des autres acteurs et à les traiter avec bienveillance. L'évolution des mentalités contraint aussi l'administration à se montrer plus consensuelle et plus conciliante. Les besoins d'une action administrative plus souple ont aussi rendu nécessaire le développement du contrat dans l'action administrative.

Selon la conception allemande tout imprégnée de libéralisme classique, le contrat conclu par l'administration n'est néanmoins qu'exceptionnellement de nature administrative. La plupart des contrats de l'administration sont en effet des contrats de droit privé. Dès que l'administration se comporte comme un particulier, elle perd le privilège du droit public et se voit traitée comme un particulier. Les

1. O. MAYER, *Deutsches Verwaltungsrecht*, tome II-2, 1917, p. 262. Il est intéressant de noter que le professeur Mayer, né à Mulhouse, a été influencé par le droit administratif français dans ses réflexions.

contrats de droit public sont donc rares en droit allemand. Les auteurs distinguent trois niveaux de contrats de droit public. À côté des conventions internationales et des traités étatiques (*Staatsvertrag*), les contrats administratifs (*Verwaltungsrechtlicher Vertrag*) complètent cette trinité. Si les conventions internationales représentent un objet connu du droit français, les traités étatiques sont typiques du fédéralisme allemand. Les traités étatiques désignent ainsi des accords entre le *Bund* (l'État fédéral) et un *Land* (un État fédéré) et portent le nom de traité constitutionnel (*Verfassungsrechtlicher Vertrag*) lorsqu'ils interviennent dans le domaine du droit constitutionnel[2]. Dans tous les cas, ces accords règlent les relations ou coordonnent l'action des parties contractantes[3].

Le contrat administratif occupe ainsi une place marginale en droit allemand[4]. La plupart de ces contrats administratifs sont d'ailleurs conclus entre une personne publique et une personne privée. Dans ce cas, on parle de contrat de subordination (*Subordinationsrechtlicher Vertrag*). Ils ont pour but de remplacer un acte unilatéral. L'administration renonce à utiliser son pouvoir unilatéral en échange d'engagements et de contreparties de l'administré. Les concessions de l'administration doivent bien entendu respecter les limites posées par la loi. Toujours dans le cadre de contrats administratifs conclus entre une personne publique et une personne privée, le contrat peut parfois avoir pour objet la délégation d'une mission publique à une entreprise. Cette hypothèse est assez rare puisque la plupart

2. Dans le cas où le traité est signé avec une des principales églises d'Allemagne, on parle de traités État-Église (*Staatkirchenverträge*).

3. S. DETTERBECK, *Allgemeines Verwaltungsrecht*, Beck, 2017, p. 274 et s.

4. § 54 s. VwVfG (loi allemande sur les procédures administratives non contentieuses).

des contrats partageant cet objet sont soumis au droit privé. Cette seconde catégorie de contrats a pu être appelée contrat de coopération (*Kooperationsvertrag*)[5].

Les contrats administratifs conclus entre personnes publiques portent le nom de contrat de coordination (*Koordinationsrechtlicher Vertrag*). Ils visent à permettre l'exécution concertée de leurs compétences par les personnes publiques parties au contrat. L'utilisation d'un contrat de droit privé est dans ce cas impossible. Les domaines privilégiés de ces contrats de coordination sont les partenariats public-public (*Öffentlich Öffentlich Partnerschaft ou ÖÖP*)[6]. Ce concept englobe non seulement des actions communes dans des domaines variés comme l'aménagement du territoire ou les services publics industriels ou commerciaux, mais aussi, et surtout, des configurations de coopération intercommunale. Ces domaines peuvent naturellement se superposer dans certaines hypothèses[7]. L'action publique locale est donc concernée en premier lieu.

B. Les compétences coordonnées

Les contrats de coordination se retrouvent dans divers secteurs de l'action publique locale. Ils peuvent permettre à l'État et à une commune de s'accorder lors de la construction d'une route. Ils peuvent transférer la collecte des déchets d'une commune à un arrondissement (*Kreis*). Ils peuvent régler l'entretien par deux communes d'une rivière limitrophe, voire d'un pont ou d'un chemin[8].

---

5. R. STOBER, W. KLUTH et S. EISENMENGER, *Verwaltungsrecht*, tome I, Beck, 2017, p. 711 et s.
6. W. HOFFMANN-RIEM, E. SCHMIDT-ASSMANN et A. VOSSKUHLE, *Grundlagen des Verwaltungsrechts*, tome II, Beck, 2012, p. 1298.
7. Les contrats de compensation (*Vergleichsvertrag*), plus rares, constituent une autre possibilité de contrat administratif entre personnes publiques. Cet instrument juridique règle à l'amiable un différend entre une administration et une autre personne, publique ou privée, afin d'éviter les coûts et les désagréments d'un procès.
8. H. MAURER et Ch. WALDHOFF, *Allgemeines Verwaltungsrecht*, Beck, 2017, p. 424.

Les délégations de missions publiques par des collectivités locales à des cocontractants portent en allemand le nom de privatisation fonctionnelle (*Funktionale Privatisierung*). Les juristes allemands rapprochent en effet trois formes d'aliénation d'une compétence publique. D'une part, la privatisation organisationnelle (*Organisationsprivatisierung*) désigne la création par la collectivité locale d'une entreprise ou d'un établissement public, qui dépendra donc d'elle afin d'assumer une de ses missions autrefois assurée en régie. D'autre part, la privatisation matérielle (*Materielle Privatisierung*) se rapporte à l'abandon au marché d'une compétence que la collectivité renonce à exercer directement ou indirectement, ce qui englobe le sens français du terme privatisation même si l'acception allemande est plus large. Enfin, la privatisation fonctionnelle s'identifie à la délégation à une personne juridique autonome de la collectivité locale d'une de ses missions sous le contrôle plus ou moins poussé de la collectivité locale. Malgré le nom de privatisation, la privatisation fonctionnelle peut, exceptionnellement, procéder d'un accord entre deux partenaires publics. C'est par exemple le cas si une commune confie à une entreprise publique locale dépendant d'une autre commune la pose de lignes électriques sur son territoire[9]. Aujourd'hui, le contrat administratif conclu serait peut-être non plus un contrat de coordination, mais un contrat de coopération. Lorsqu'une commune rémunère la Deutsche Bahn, qui correspond à la SNCF en France, afin d'affréter des trains supplémentaires pour assurer le transport quotidien d'écoliers, il s'agit toujours d'un contrat de coordination malgré la privatisation de la Deutsche Bahn[10].

9. VGH BW, NVwZ-RR, 1998, p. 351. R. STOBER, W. KLUTH et S. EISENMENGER, *Verwaltungsrecht*, *ibid.*
10. BVerwGE 81, 312.

II. La contractualisation dans la coopération intercommunale

La coopération intercommunale fondée sur un contrat (B) concerne surtout l'intercommunalité de coopération (A).

A. L'intercommunalité de coopération et l'intercommunalité d'intégration

La mutualisation des moyens possédés et l'exercice conjoint de compétences permettent de réaliser des économies d'échelle par le biais de l'intercommunalité. Celle-ci ne prend toutefois pas toujours la forme d'un contrat.

Au même titre que les collectivités locales supracommunales, les intercommunalités exercent moins de compétences en Allemagne qu'en France. Les fusions de communes, notamment à l'Ouest, ont rendu la coopération intercommunale moins nécessaire qu'en France. La réussite des fusions de communes oblige même parfois à développer des organes infracommunaux afin de garantir une certaine proximité démocratique avec les électeurs. Dans la majorité des cas, ces organes ne possèdent cependant qu'un caractère déconcentré et non décentralisé. En d'autres termes, ces structures infracommunales ne sont que des organes internes de la commune et non des personnes juridiques nouvelles.

La plupart du temps, l'intercommunalité se borne en Allemagne à jouer son rôle initial de coopération entre collectivités locales. Elle est même concurrencée dans ce domaine par les collectivités locales supracommunales. Tous les *Länder* ne possèdent pas de collectivités supracommunales et les grandes communes sont fréquemment extérieures aux collectivités supracommunales[11]. Les collectivités

11. Les grandes villes n'appartiennent pas aux arrondissements (*Kreise*) qui les entourent. On parle de ville sans arrondissement (*Kreisfreie Städte*).

supracommunales sont en effet le plus souvent conçues en Allemagne comme un niveau plus efficace pour exercer certaines compétences des communes, notamment en milieu rural.

En règle générale, l'intercommunalité ne sert pas comme en France à se substituer ou à préparer la fusion de communes trop nombreuses et trop petites. L'intercommunalité de coopération domine largement face à l'intercommunalité d'intégration. L'intercommunalité d'intégration se limite, à notre sens, à la mise en commun de certaines compétences dans l'agglomération de très grandes métropoles (Francfort-sur-le-Main, Hanovre, Stuttgart, la Ruhr, par exemple).

La décentralisation étant une compétence des *Länder*, il existe 14 droits de la décentralisation en Allemagne sur 16 *Länder*. Les villes-États de Berlin et Hambourg sont en effet des *Länder* composés d'une seule commune. Le droit fédéré se confond dans ces deux hypothèses avec le droit communal. L'autre ville-État, Brême, est en revanche composée de deux communes : Brême et Bremerhaven, ce qui rend possible la distinction entre un droit fédéré et un droit communal. Malgré des ressemblances, chaque *Land* possède sa propre approche de l'intercommunalité. Les dénominations employées ne doivent pas non plus tromper. Un même nom peut correspondre à une notion inexistante ou différente d'un *Land* à l'autre[12].

B. l'intercommunalité institutionnelle et l'intercommunalité contractuelle

Tendanciellement, il est possible de distinguer deux grandes formes d'intercommunalité : l'intercommunalité institutionnelle et l'intercommunalité contractuelle. L'intercommunalité institutionnelle revêt la forme d'une personne juridique nouvelle de droit public.

12. J. GERMAIN, « La voie étroite de l'intercommunalité en Allemagne : entre garantie constitutionnelle de l'autonomie des communes et missions communales des autres collectivités locales », *in* P.-Y. MONJAL et V. AUBELLE (dir.), *La France intercommunale. Regards sur la loi de réforme des collectivités territoriales du 16 décembre 2010*, L'Harmattan, 2013, p. 213.

L'adhésion peut être obligatoire (*Pflichtverband*) ou facultative (*Freiverband*) selon la législation du *Land* et la forme de structure intercommunale. L'intercommunalité contractuelle est fondée sur un contrat. L'adhésion est *a priori* facultative et ne concerne que des formes très peu contraignantes d'intercommunalité pour les communes membres.

Si l'on exclut le groupe de travail (*Arbeitsgemeinschaft*), qui se limite à être une instance de réflexion sans pouvoir de décision, il existe deux grandes formes d'intercommunalité contractuelle[13]. Elles portent des noms variables selon les *Länder* : accord de droit public (*Öffentlich-rechtliche Vereinbarung* en Bade-Wurtemberg, en Rhénanie-du-Nord-Westphalie et en Sarre), accord finalisé (*Zweckvereinbarung* en Bavière, en Rhénanie-Palatinat et en Basse-Saxe), communauté administrative (*Verwaltungsgemeinschaft* en Mecklenbourg-Poméranie et en Schleswig-Holstein). Quelles que soient les appellations retenues, le schéma demeure le même. Une des collectivités locales se voit confier une ou plusieurs missions par d'autres collectivités locales afin de les exercer en commun. Certains accords de droit public désignent un délégué, d'autres un mandataire. Le délégué possède un pouvoir de décision dans le domaine mis en commun. Parfois, un droit d'opposition aux décisions de la collectivité déléguée est toutefois reconnu aux autres collectivités membres. C'est le cas notamment avec la communauté acceptée d'administration (*Vereinbarte Verwaltungsgemeinschaft* en Hesse). Le mandataire, quant à lui, ne possède qu'un pouvoir d'exécution. Les collectivités membres conservent leur pouvoir de décision. La plupart des compétences des collectivités locales, qu'ils s'agissent de compétences obligatoires ou non, exercées librement ou selon les instructions du *Land*, peuvent faire l'objet d'un accord de droit public. Le prélèvement des impôts semble une des rares exceptions à ce principe.

---

13. J. SOHNLE, « L'intercommunalité, une alternative aux fusions de communes ? », *Pouvoirs locaux* 2009, n° 81, p. 75.

Si le droit européen des passations de marchés publics s'applique lorsqu'une commune confie une mission à un partenaire, alors certaines formes d'intercommunalités remplissant ces critères doivent-elles suivre le droit des passations de marchés publics ? Il en est ainsi de certains contrats administratifs de coordination permettant par exemple à une commune de confier à une entreprise dépendant d'autres collectivités l'exercice d'une mission en contrepartie d'une rémunération pour en couvrir les coûts. S'agit-il ou non d'une passation *in-house*, c'est-à-dire d'une intercommunalité non soumise au droit des passations de marchés publics ?

L'arrêt *Teckal*[14] de la CJCE a posé deux critères délimitant les coopérations intercommunales libérées du droit des passations de marchés publics. L'entreprise bénéficiaire doit être sous le contrôle de l'adjudicateur public et elle doit essentiellement travailler pour l'adjudicateur public. Ces critères avaient été précisés par les arrêts *Stadt Halle*[15] et *Parking Brixen*[16] de la CJCE. La décision *Stadt Halle* apporte que si une personne privée fait partie des propriétaires de l'entreprise bénéficiaire du contrat, alors la qualification de passation *in-house* est exclue. La décision *Parking Brixen* pose que la transformation de l'entreprise bénéficiaire en entreprise privée ouverte aux capitaux privés supprime la possibilité d'une passation *in-house*.

À travers les jurisprudences *Stadtreinigung Hamburg*[17] et *Piepenbrock*[18], la CJUE a cependant entretenu les troubles de la doctrine allemande. Dans la décision *Stadtreinigung Hamburg*, le juge européen ne soumet pas au droit des passations le contrat conclu entre des collectivités locales extérieures à Hambourg et une entreprise dépendant de la ville-État de Hambourg malgré l'absence de lien de contrôle, et ce, en raison de la nature de coopération inter-

14. CJCE 18 novembre 1999, *Teckal*.
15. CJCE 11 janvier 2005, *Stadt Halle*.
16. CJCE 13 octobre 2005 *Parking Brixen*.
17. CJUE 9 juin 2009, *Stadtreinigung Hamburg*.
18. CJUE 13 juin 2013, *Piepenbrock*.

communale de l'opération. Dans la décision *Piepenbrock*, l'accord entre deux adjudicateurs publics confiant une tâche à une entreprise dépendant de l'un d'eux présentait, au contraire, un objet relevant habituellement du marché concurrentiel, ce qui rendait un appel à concurrence nécessaire.

La nouvelle directive du 26 février 2014 sur les passations de marchés publics a permis de clarifier la situation. Les passations *in-house* sont depuis la transposition de 2016 précisément définies au § 108 GWB (notamment l'alinéa 6). Cet article adapte au droit allemand les articles 17 de la directive 2014/23, 12 de la directive 2014/24 et 28 de la directive 2014/25. Il ne concerne que le droit cartélien des passations[19] par opposition au droit budgétaire des passations[20]. La liberté des communes en matière de coopération intercommunale est certes reconnue, mais reste encadrée. D'une part, l'objet du contrat doit poursuivre des buts communs et viser l'intérêt général. D'autre part, si l'activité concernée est aussi offerte sur le marché par l'adjudicateur public, un plafond de 20 % doit être respecté. Il est douteux que ce plafond soit calculable de façon univoque et non bureaucratique.

Ainsi, la conclusion d'un contrat entre deux personnes publiques ne suffit pas à exclure l'application du droit européen des passations de marchés publics. Une distorsion de concurrence aux dépens des entreprises privées ne peut pas en résulter.

---

19. C'est-à-dire les passations ancrées dans le droit de la concurrence.
20. C'est-à-dire les passations nationales non soumises au droit européen dérivé.

Partie IV

ASPECTS MATÉRIELS DE LA CONTRACTUALISATION PUBLIQUE LOCALE

L'ATYPISME DE LA CONTRACTUALISATION EN MATIÈRE DE DÉVELOPPEMENT ÉCONOMIQUE LOCAL

par

Olivier DUPERON

Maître de conférences HDR de droit public
Université de Reims Champagne-Ardenne
Directeur adjoint du CRDT (EA 3312)

Dans le cadre de la réflexion consacrée à la contractualisation de l'action publique locale, les organisateurs du colloque ont formulé un sujet qui a été accueilli dans un premier temps avec une certaine insouciance, voire innocence, et qui rapidement a suscité de nombreuses interrogations et, en réalité, une certaine perplexité : « l'atypisme de la contractualisation en matière de développement économique local ».

C'est l'atypisme ici qui constitue tout l'intérêt de ce sujet, mais aussi toute sa complexité, et il faut commencer par préciser qu'il convient d'exclure d'emblée du champ de l'étude la catégorie juridique des contrats atypiques, qui existe en droit du travail, mais qui n'a aucun lien avec les problématiques de développement local. Toutefois, si on retient de ces contrats atypiques qu'ils rassemblent tous ceux qui constituent une exception par rapport au contrat de travail de droit commun qu'est le contrat à durée indéterminée, l'idée de l'atypisme peut être appliquée à d'autres relations contractuelles, qui seraient donc inhabituelles, dérogatoires, spéciales, dans leur domaine d'application. Par rapport à l'objet même du colloque, l'analyse doit se concentrer sur les contrats entre personnes publiques essentiellement, sans ignorer bien sûr que la contractualisation en matière de développement économique contient tout un pan de relations avec les partenaires privés, qui obéissent à d'autres logiques et qualifications juridiques et à d'autres questionnements.

Avant d'y revenir par la suite, il est nécessaire de rappeler en introduction également qu'en matière de développement économique local, le recours à la contractualisation entre personnes publiques est très ancien, au moins concomitant à la mise en place et au développement de l'acte I de la décentralisation (en réalité même antérieur). Dès le lancement de ce vaste chantier de réformes au début des années 1980, on sait que c'est par ce biais que l'État a installé ses relations avec les régions à travers les contrats de plan État-Région (CPER). Par ailleurs, depuis le lancement du mouvement de décentralisation en France, s'est développée une quasi-généralisation des pratiques de contractualisation infrarégionale des régions avec des territoires divers (intercommunalités, pays et autres)[1], qui a comporté un appui à des projets locaux de développement économique et d'aménagement (les deux sont étroitement liés et nous serons conduits à les rapprocher à plusieurs reprises).

En quoi, en revanche, cette contractualisation serait-elle atypique ? Par rapport à quels critères, quels éléments de référence ? Et quelle relation établir entre cette recherche et le sous-thème de ce colloque : « Des collectivités territoriales libres ou sous contrainte » ? Si nous prenons cet atypisme comme hypothèse, nous pouvons utiliser deux points de confrontation :

1. Par rapport au régime des contrats administratifs, lui-même d'ailleurs atypique par rapport au contrat de droit commun (sans développer ici, nous pouvons rappeler les questions propres à la

1. G. DORE, « La contractualisation territoriale des conseils régionaux », *Revue d'Économie Régionale & Urbaine* 1er août 2014, p. 157-172.
Article disponible en ligne à l'adresse : *http://wwwcairn.info/revue-d-economie-regionale-et-urbaine-2014-1-page-157.htm.*

théorie du contrat administratif : est-il un vrai contrat ? un contrat hors-la-loi, etc.)[2]. Sans doute par rapport à ce premier point pourrons-nous observer des caractéristiques propres à la contractualisation ou au conventionnement entre personnes publiques, mais peut-être pas toujours propres au développement économique local.

2. On y ajoutera donc un deuxième point de confrontation : par rapport aux domaines d'intervention des collectivités territoriales, leurs compétences et l'exercice de ces compétences. Là, nous observerons l'existence d'une spécificité de la contractualisation relative au développement économique local. Cet examen devra se faire, en outre, dans le cadre plus général de l'évolution de l'organisation de cette compétence économique, après les lois MAPTAM[3] et surtout NOTRe[4], des effets de ces textes et de leur mise en œuvre, qui s'accomplit encore en cette fin d'année 2017, ce qui nous amènera à envisager des pistes sans avoir toujours tous les éléments de réponse.

En considérant donc le domaine et le régime de ces contrats, leur portée, leur environnement juridique, nous tenterons de répondre à l'affirmation, que nous retournons en questionnement, proposée par les organisateurs : nous exposerons d'abord que le recours à la contractualisation entre personnes publiques apparaît comme un mode quasiment naturel de conduite des politiques de développement économique local, comme indissociable, ce que la loi a très vite intégré, au demeurant (un environnement atypique ?) (I) ; ensuite, et cela rejoint la problématique générale du colloque, nous verrons que la contractualisation dans ce domaine s'inscrit désormais dans un contexte de renforcement des compétences régionales, de

2. Y. GAUDEMET, « Le contrat administratif, un contrat hors-la-loi », *Cahiers du Conseil constitutionnel* mars 2005, n° 17, 6 p.

3. Loi n° 2014-58 du 27 janvier 2014 de modernisation de l'action publique territoriale et d'affirmation des métropoles, *JORF* 28 janv. 2014, p. 1562.

4. Loi n° 2015-991 du 7 août 2015 portant nouvelle organisation territoriale de la République, *JORF* 8 août 2015, p. 13705.

définition d'orientations, de planification renforcée, ce qui renvoie à la question des rapports entre collectivités territoriales (une fonction atypique ?) (II).

I. Le recours à la contractualisation comme mode de conduite des politiques de développement économique local

Dans le domaine économique, l'essor du « concept contractuel » est ancien (un article portait sur le sujet à la *Revue trimestrielle de droit civil*, en 1964)[5] et il le doit d'abord au recours à la planification à la française, qui a largement installé dans ses modalités le lien entre plan et contrat, dans le cadre d'une planification indicative où le contrat est apparu comme un instrument d'incitation des agents économiques, publics et privés[6].

Cela s'est traduit par l'apparition, dans le cadre de la planification économique, des « quasi-contrats » du Quatrième Plan (entre 1962 et 1965), puis des conventions de plan du Cinquième Plan (de 1966 à 1970). Par ailleurs, cette période a été marquée par les contrats entre l'État et les entreprises publiques, tels que les contrats de programme, consécutifs à la publication du rapport Nora de 1967, qui posait déjà la question de la clarification des rapports entre entreprises publiques et tutelle étatique, ainsi que celle de la nécessaire modernisation du service public. La contractualisation est ainsi progressivement apparue comme une technique plus souple et mieux adaptée aux enjeux économiques auxquels l'État entrepreneur était confronté.

---

5. M. VASSEUR, « Un nouvel essor du concept contractuel : les aspects juridiques de l'économie concertée et contractuelle », *RTDC* 1964, p. 31.
6. L. RICHER, *Droit des contrats administratifs*, 4e éd., Paris, LGDJ, 2004, p. 48.

Avec la décentralisation, depuis l'acte I jusqu'aux dernières réformes, la place du contrat dans les politiques de développement économique local n'a cessé de s'intensifier, la DATAR a pu parler à ce propos de l'essor de la « contractualisation territoriale »[7], au sujet de laquelle il est important de se pencher sur la véritable nature.

A. La contractualisation en matière de développement économique local comme consubstantielle à la décentralisation

Avec la décentralisation, le recours au contrat est donc apparu comme la méthode de coordination adéquate en réponse à la plus grande diversité d'acteurs légitimes à intervenir sur des champs similaires, en particulier celui du développement économique local. Au fil du temps, une myriade de contrats a ainsi été conçue entre collectivités publiques pour tenter de structurer une démarche cohérente sur un territoire donné.

D'abord, et cela a fait l'objet d'une autre communication, l'État a multiplié le nombre de ses contrats avec les collectivités, CPER avec la région en tête bien sûr, mais aussi contrats de ville, d'agglomération, de pays, etc., constituant eux la « territorialisation des CPER », avec des volets consacrés à l'emploi, l'aménagement, le développement local, selon les cas. Cette articulation de contrats a d'ailleurs donné lieu à des modalités régionales particulières de contractualisation globale ou unique : contrats régionaux de solidarité territoriale en région Centre par exemple[8] ou contrats de partenariat unique Europe/région/pays, en Bretagne.

---

7. DATAR, *La contractualisation territoriale – Un mode d'action publique en renouveau permanent ou un outil d'avenir pour l'aménagement ?*, capitalisation bibliographique réalisée par A. BOUTET et V. FOUCHIER, Paris, sept. 2003, 177 p.

8. La région Centre a adopté, lors de sa séance plénière des 24 et 25 octobre 2012 du conseil régional, son nouveau socle de contractualisation : les contrats régionaux de solidarité territoriale ; aspect évoqué dans C. DEMAZIERE, *Observation des dynamiques économiques et stratégies des villes petites et moyennes en région Centre*

En dehors de ce cadre et hors la présence de l'État et/ou de la région, d'autres contrats ont vu le jour, sur l'initiative de départements également, en direction des communes et plus largement des territoires infradépartementaux, qu'ils s'appellent « contrats de territoire » en Dordogne[9] ou encore « contrat départemental de développement local » dans l'Aisne[10], avec des soutiens financiers au « développement local/économique », aménagement de zones d'activités, etc.

Plusieurs justifications ou explications ont été données à ce foisonnement contractuel, parmi lesquelles le besoin de démocratie participative, la mise en œuvre de la subsidiarité, la recherche de meilleure efficacité de l'action publique. Au-delà de ces raisons toutes intéressantes et bien réelles, c'est bien aussi l'impossible identification d'un bloc de compétences clair et bien circonscrit autour du développement économique local, qui a toujours conduit tous les acteurs à intervenir à leur niveau dans ce champ crucial. Et, clause générale de compétence aidant, quelle collectivité aurait pu ne pas inscrire cette action essentielle dans le contenu de son portefeuille de politiques publiques ?

Le législateur a d'ailleurs en permanence encouragé ou organisé le recours à cette contractualisation, l'un des derniers exemples avant la réforme de 2014-2015 étant la loi du 3 juin 2010 relative au Grand Paris[11] qui prévoit l'élaboration de contrats de développement d'intérêt territorial (CDT), autour d'un projet de territoire, incluant le développement économique, établi entre l'État, les communes et les établissements publics de coopération intercommunale (EPCI)

– *Volume 2 : Quelles politiques et stratégies de développement économique local pour les petites ou moyennes villes ?*, Recherche dans le cadre de l'APR IR région Centre, convention n° 201100068744 en date du 4 nov. 2011, p. 117.

9. *www.dordogne.fr*, rubrique « Contractualisation avec les territoires ».

10. *http://aisne.com/Le-CDDL.*

11. Loi n° 2010-597 du 3 juin 2010 relative au Grand Paris, *JORF* 5 juin 2010, p. 10339.

pour les objets relevant des compétences qui leur ont été transférées (le département concerné et la région sont consultés et ils peuvent dorénavant, à leur demande, être signataires du contrat), sur une durée de quinze ans (22 projets de CDT ont été engagés à la suite de la loi, dont un par exemple autour du Grand Orly, avec les départements de l'Essonne et du Val-de-Marne, signataires d'une convention-cadre le 6 novembre 2013)[12].

Fort logiquement, cette dimension a été intégrée dans le Code général des collectivités territoriales (CGCT), après la réorganisation de la répartition de la compétence économique opérée par la loi NOTRe, principalement. On sait que désormais la région élabore un schéma régional de développement économique, d'innovation et d'internationalisation (SRDEII, art. L. 4251-13 du CGCT), qui est un nouveau document de programmation à valeur prescriptive, dans un rapport de compatibilité, nous y reviendrons. Le schéma définit les orientations en matière d'aides aux entreprises, de soutien à l'internationalisation et d'aides à l'investissement immobilier et à l'innovation d'entreprises, ainsi que les orientations relatives à l'attractivité du territoire régional. Il définit aussi les orientations en matière de développement de l'économie sociale et solidaire.

Essentiel pour notre réflexion, l'article L. 4251-18 du CGCT dispose que la mise en œuvre du schéma peut faire l'objet de conventions entre la région et un ou plusieurs EPCI à fiscalité propre compétents.

À ce stade, trois remarques :

1. Ce nouveau cadre juridique pose la question des départements dans ce champ de compétences et c'est pour cette raison que nous en avons donné des exemples auparavant. Cela fait encore l'objet de discussions avec l'État, mais la position est que les départements ne peuvent plus intervenir dans le soutien aux entreprises (et la région ne peut pas déléguer ses compétences aux départements dans ce

12. Pour une vision globale des CDT, voir : *http://www.iau-idf.fr*, rubrique « Les contrats de développement territorial ».

domaine)[13]. Les départements ne peuvent par ailleurs continuer à octroyer (et non définir) des aides à l'immobilier d'entreprises que dans le cadre de conventions justement, conclues avec les communes ou EPCI compétents (art. L. 1511-3 du CGCT).

2. Deuxième observation : outre les conventions possibles pour la mise en œuvre des SRDEII, la loi NOTRe a maintenu plusieurs possibilités de délégations par convention entre les régions, la métropole de Lyon, les communes et leurs groupements, dans le domaine de l'octroi des aides en faveur de la création ou l'extension d'activités économiques ou des aides aux entreprises en difficulté (art. L. 1511-2 du CGCT). Et si les communes et EPCI ont récupéré la compétence exclusive des aides à l'immobilier d'entreprise, la région peut participer à leur financement par convention. La convention occupe donc une place déterminante dans la régulation des compétences entre collectivités dans ce dispositif et encore trouve-t-on mention de conventions possibles région/département pour le soutien à des fonds d'investissement de proximité (art. L. 4211-1 du CGCT) ou pour le soutien aux organisations de producteurs et aux entreprises spécialisées dans les produits agricoles, forestiers et de la pêche (art. L. 3232-1-2 du CGCT). On peut même élargir la remarque aux conventionnements liés au service public de l'emploi, entre l'État et la région.

13. Voir en particulier l'*Instruction du Gouvernement relative à la nouvelle répartition des compétences en matière d'interventions économiques des collectivités territoriales et de leurs groupements issue de l'application de la loi n° 2015-991 du 7 août 2015 portant nouvelle organisation territoriale de la République* (NOR INTB1531125J), Paris, 22 décembre 2015 ; complétée par l'*Instruction en date du 3 novembre 2016 adressée par le ministre de l'Aménagement du territoire, de la Ruralité et des Collectivités territoriales, relative aux conséquences de la nouvelle répartition des compétences en matière de développement économique sur les interventions des conseils départementaux* (NOR ARCC16320283).

3. Enfin, retour sur un point essentiel : la portée prescriptive du SRDEII, arrêté par le représentant de l'État, fruit d'une concertation entre la région et les EPCI. L'article L. 4251-17 du CGCT indique que les actes des collectivités territoriales et de leurs groupements en matière d'aides aux entreprises doivent être compatibles avec le schéma. On peut ici rappeler que cela a constitué une évolution entre la loi MAPTAM et la loi NOTRe, puisque la région ne devait être que chef de file du développement économique, ce qui avait suscité des critiques et regrets à ce moment-là, en raison de l'absence de pouvoir de direction du chef de file[14].

Par rapport aux autres compétences (climat, énergie, transports, etc.), un certain atypisme émerge donc ici, qui situe le recours à la contractualisation dans un autre contexte que pour les autres domaines. Nous retrouverons ce contexte par la suite, mais, avant cela, un autre aspect de la contractualisation entre personnes publiques en matière économique mérite d'être évoqué.

B. La question de la nature et de la portée véritable de cette contractualisation

Cet aspect repose sur des réflexions souvent débattues en droit administratif et cela participe de l'atypisme de cette contractualisation.

On sait qu'un contrat est une convention par laquelle une ou plusieurs personnes s'obligent envers une ou plusieurs autres à faire ou à ne pas faire quelque chose. Cette convention fait naître des obligations ou crée une relation de créancier à débiteur.

Le phénomène de « contractualisation » de l'action publique suscite l'apparition d'actes souvent difficilement qualifiables au regard des catégories traditionnelles. On souligne souvent que la contractualisation consiste plus à utiliser une technique contractuelle que l'instrument contractuel lui-même. Alors même que les termes d'un

14. Voir par exemple, G. CHAVRIER, « La notion de chef de file est vidée de sa substance », *La Gazette des communes* 11 sept. 2013.

accord sont consignés dans un document formellement contractuel, la portée normative en est quelquefois très incertaine, faute pour lui de contenir de vraies obligations à la charge des « parties ».

La distinction est parfois aussi établie entre véritable « contrat juridique » et contrat des « politiques publiques ». Gérard Marcou, par exemple, considérait que « le discours de la coopération contractuelle emprunte au droit, mais le droit de la coopération contractuelle entre collectivités publiques reste encore dans une large mesure à élaborer »[15]. Il expliquait que la généralisation du contrat d'action publique reflète l'évolution des modes de gestion bureaucratique, favorisant la négociation des règles entre les acteurs plutôt que leur imposition. L'introduction de ces contrats s'intéresse donc davantage à des soucis de management qu'aux valeurs juridiques portées par la notion : « La valeur qui est reconnue au contrat n'est pas de produire des obligations, c'est de procéder d'une négociation et d'aboutir à un accord », pour reprendre la formule de Gérard Marcou[16].

Ces distinctions et ces réflexions, on les retrouve bien dans le cadre de nos contrats relatifs au développement économique local. On peut rappeler en particulier la jurisprudence concernant le contrat de plan État-Région, véritable contrat administratif (CE Ass. 8 janvier 1988, *Min. du Plan et de l'Aménagement du territoire c/ Communauté urbaine de Strasbourg*)[17], mais qualifié par des auteurs de « contrat d'intention », de « protocole d'accord »[18], tant, il est vrai, qu'il n'emporte par « lui-même, aucune conséquence directe quant à la réalisation effective des actions ou opérations qu'il prévoit » (CE 25 octobre 1996, *Association Estuaire-Écologie*)[19], l'abandon

15. G. MARCOU, F. RANGEON et J.-L. THIEBAULT, *La coopération contractuelle et le gouvernement des villes*, Paris, L'Harmattan, 1997, p. 31-32.
16. *Ibid.*
17. *AJDA* 1988, p. 137, chronique Azibert et de Boisdeffre.
18. Y. MADIOT, « Les incertitudes de la force juridique des contrats de plan », note sous CE 25 oct. 1996, *Association Estuaire Écologie*, *RFDA* 1997, p. 339.
19. *Ibid.*

non fautif de certains engagements pouvant toutefois engager la responsabilité contractuelle de l'État vis-à-vis des collectivités territoriales (CE 21 décembre 2007, *Région du Limousin*)[20].

Vrais et faux contrats, normatifs ou non normatifs, conventions de *« gentlemen's agreement »*, inspirées du droit international public et qui visent des accords qui ont pour objet d'énoncer la politique que les signataires entendent suivre, engagements d'honneur sans obligations juridiques pour les États[21], tout dépend en réalité du contenu de chaque document, de la nature des engagements souscrits, des engagements financiers, etc. Cet atypisme-là n'est sans doute pas propre au développement économique local, mais il en ressort un cadre général qui est celui que Jacques Chevallier qualifie d'« administration contractualisée »[22]. De véritables incertitudes juridiques peuvent en découler parfois et cela pose aussi la question de l'organisation et de la forme de l'État.

Dans le domaine du développement économique, le choix a été fait par le législateur d'accentuer la régionalisation qui était déjà engagée en France depuis plus de trente ans et la loi NOTRe fait de cette collectivité le pivot de l'action publique locale (rôle partagé avec les métropoles, voir *infra*). La région est désormais désignée comme la collectivité « responsable, sur son territoire, de la définition des orientations en matière de développement économique » (art. L. 4251-12 du CGCT). Ce que nous pouvons nous demander maintenant c'est de savoir si la contractualisation, avec toutes les caractéristiques et spécificités que nous venons d'établir, ne devient pas dans ce contexte l'outil des nouvelles prérogatives régionales ?

20. *Dr. Adm.* févr. 2008, comm. 16.

21. On peut citer aussi la thèse de Sébastien Hourson qui propose de créer la catégorie des « conventions d'administration » pour les actes non normatifs, distincts des contrats qui créent des droits et des obligations : S. HOURSON, *Les conventions d'administration*, Paris, LGDJ, 2004, coll. « Thèses », 646 p.

22. J. CHEVALLIER, « Loi et contrat dans l'action publique », *Cahiers du Conseil constitutionnel* mars 2005, n° 17, 9 p.

II. La contractualisation, outil des nouvelles prérogatives régionales ?

Le rôle dominant ou prioritaire de la région en faveur des politiques de développement économique est une ancienne revendication. Il est, en France, lié étroitement à l'émergence du fait régional, au-delà même de la décentralisation, et les derniers textes ne font que prolonger cette orientation, non sans ambiguïté. Dans ce mouvement, la contractualisation occupe une place particulière, dès lors que l'on admet rapidement l'idée que les régions ne peuvent pas seules conduire le développement économique local et, au regard de la confusion institutionnelle qui caractérise de manière récurrente la répartition des compétences dans ce domaine, le contrat est apparu comme l'outil adapté à une recherche de mise en cohérence des différentes interventions. Avant les textes de 2014-2015, on pouvait lire par exemple dans un rapport de la Fédération des agences de développement économique de septembre 2012, un plaidoyer pour une contractualisation régionale obligatoire, pour permettre de déterminer à la fois quelques priorités économiques claires et partagées par tous, de répartir les compétences entre les collectivités et leurs organes pour mettre en œuvre ces priorités, et de fixer des objectifs quantitatifs et qualitatifs à chacun[23].

On l'a vu précédemment, le législateur, en 2015, n'a pas retenu ce schéma, mais il envisage une contractualisation facultative, dans le cadre notamment de la mise en œuvre du SRDEII et pour déléguer certaines missions entre collectivités sur l'octroi des diverses aides aux entreprises. Aujourd'hui, nous commençons à disposer de quelques éléments sur la mise en œuvre opérationnelle de ces

23. Fédération des agences de développement et des comités d'expansion économique, *Agences de développement économique : état des lieux et perspectives*, Paris, CNER, sept. 2012, coll. « Études », p. 10 ; avec cet autre commentaire : « Le niveau régional s'impose ici assez naturellement pour organiser cette contractualisation, même s'il devra faire montre d'une réelle capacité à la collaboration avec les autres niveaux territoriaux. »

dispositions et nous pouvons poser la question du contrat, vecteur d'un rapport de hiérarchie entre les acteurs publics locaux dans ce domaine ?

A. La place du contrat dans la mise en œuvre de la nouvelle répartition des compétences

Du texte à la pratique, dès la fin de l'année 2015, puis en 2016, les différentes associations regroupant les collectivités territoriales et leurs groupements se sont emparées du nouveau cadre législatif. L'Assemblée des Communautés de France (AdCF) en particulier est très rapidement intervenue pour demander que soit créée une instance de concertation entre régions et intercommunalités, en marge des conférences territoriales de l'action publique[24] ou rattachée à elles et que soit établie une contractualisation régions/intercommunalités[25].

Le 24 mai 2016, un accord de partenariat ARF[26]/AdCF a été conclu, pour le suivi et la mise en œuvre des nouveaux documents de planification (SRDEII, mais aussi SRADDET[27], qui obéissent à un régime juridique très proche) et pour renforcer leur coopération, « dans le cadre des politiques contractuelles ». À ce titre, l'accord prévoit d'aboutir à des conventions d'application de la mise en œuvre des SRDEII, pour la déclinaison de certains de leurs volets (aides, aménagements économiques, immobilier d'entreprises). Il est intéressant d'ailleurs de relever que, sur le plan du vocabulaire

24. Mises en place par la loi MAPTAM, voir la contribution de S. AUBEL, p. 193 de cet ouvrage.
25. Voir les propositions de l'AdCF, contenues dans le document : AdCF, *Mettre en œuvre la loi NOTRe. Recommandations pour la nouvelle organisation des compétences et stratégies économiques*, 22 juin 2016, p. 5.
26. Association des Régions de France.
27. Schéma régional d'aménagement, de développement durable et d'égalité des territoires.

utilisé, l'accord évoque à la fois les politiques « contractuelles » et le recours à des « conventions », sans manifestement instaurer de réelles distinctions entre ces deux termes.

Au cours du premier semestre 2017, les régions ont adopté leur SRDEII et il apparaît bien désormais que la contractualisation entre elles et les intercommunalités se présente comme le mode de collaboration privilégié. Les schémas définissent les grandes orientations, les grands objectifs globaux et ceux-ci ont vocation à se décliner auprès des métropoles (nous reviendrons sur leur singularité) et des communautés par des contrats (terme qui revient le plus fréquemment, alors que le CGCT parle de « conventions » de mise en œuvre, pour prolonger la remarque précédente). Les formes varient selon les territoires, avec plusieurs intitulés et échelles territoriales de contractualisation. On peut citer en Île-de-France les « pactes pluriannuels pour la croissance, l'innovation et l'emploi » qui doivent concerner plusieurs communautés regroupées en bassins d'emploi définis régionalement. En Auvergne Rhône-Alpes, on met en place les « contrats ambition région », contrats directs pour soutenir les projets territoriaux d'investissement; on trouve aussi les « contrats régionaux de solidarité territoriale » de Centre Val de Loire, déjà existants; et il faut citer la démarche lancée dès décembre 2016 par la Nouvelle-Aquitaine de « nouvelle contractualisation globale », qui repose sur la mise en place de contrats sur-mesure avec tous les territoires, comportant un important volet économique (l'approche est comparable en Normandie)[28].

---

28. Ces quelques exemples sont cités à partir des sites internet des collectivités concernées et des documents relatifs à la mise en œuvre des SRDEII qu'elles mettent en ligne. Pour d'autres illustrations et notamment les orientations définies par la région Grand-Est, à partir d'une délibération du conseil régional du 28 avril 2017, on peut consulter le mémoire de Julien MOUSSE, *L'évolution de l'articulation du développement économique dans le couple grandes régions-intercommunalités et métropoles*, master 2 Droit des entreprises du développement local, université de Reims Champagne-Ardenne, sept. 2010, p. 81 et s.

Le processus est donc engagé et le contrat trouve une place sans doute renforcée dans la conduite du développement économique local, mais tout cela s'organise dans un cadre général qui a évolué par rapport à la situation antérieure, celle des ex-schémas régionaux de développement économique, issus de la loi du 13 août 2004[29], qui n'étaient qu'expérimentaux. La loi NOTRe impose aux régions l'élaboration des SRDEII et, cela a été rapidement abordé précédemment, il devient un document prescriptif sur les autres acteurs qui doivent exercer leurs propres compétences économiques « dans le respect des orientations du SRDEII ». Nicolas Portier a écrit que « ce mode d'écriture du Code général des collectivités territoriales, relativement inédit, crée une sorte de compétence communautaire "subordonnée" à des orientations régionales »[30]. Autre commentaire de l'AdCF sur cette évolution introduite par la loi NOTRe[31] : cette « prescriptivité » sur les compétences exclusives reconnues aux métropoles et communautés a pu être assimilée à une forme de tutelle. Les parlementaires ont pour cette raison prévu que le schéma soit arrêté par le préfet de région qui peut contrôler le respect de la légalité du document et de la procédure d'élaboration, mais aussi du respect des intérêts nationaux (art. L. 4251-16 du CGCT). L'autre contrepartie de cette prescriptivité renforcée repose dans la clause de « concertation » prévue avec les intercommunalités compétentes[32]. Analyse de l'AdCF : un schéma qui se voudrait très directif sur les aides à l'immobilier d'entreprises devra faire l'objet d'une concertation nécessairement plus approfondie avec les autorités compétentes en la matière, sauf à porter atteinte à leur libre administration.

---

29. Loi nº 2004-809 du 13 août 2004 relative aux libertés et responsabilités locales, *JORF* 17 août 2004, p. 14545.

30. N. PORTIER, « Développement économique : ce que change la loi NOTRe », *Intercommunalités* juin-juill. 2016, nº 2010, p. 11.

31. AdCF, doc. cité, p. 4.

32. Art. L. 4251-14 du CGCT : « Le projet de schéma est élaboré par la région en concertation avec les métropoles, la métropole de Lyon et les établissements publics de coopération intercommunale à fiscalité propre [...]. »

C'est dans ce contexte particulier, atypique sans doute, qu'interviennent les contrats (ou conventions) évoqués précédemment et la question se pose du contrat qui deviendrait ainsi le vecteur d'une forme de rapport de hiérarchie entre la région et les autres partenaires publics locaux, en matière de développement économique ? Cette question doit être néanmoins traitée avec beaucoup de précautions.

B. Le contrat, vecteur d'un rapport de hiérarchie entre la région et les autres acteurs publics locaux en matière de développement économique ?

Restons encore un peu sur la portée prescriptive des SRDEII, qui serait au cœur de l'affirmation d'une nouvelle priorité régionale en la matière, avec les bémols évoqués précédemment déjà et aussi la place particulière réservée aux métropoles. En effet, la relation de la région avec ces dernières repose sur une élaboration conjointe (et pas seulement concertée) des orientations du schéma sur le territoire de la métropole, le législateur semblant avoir établi entre ces deux niveaux des rapports de « non-agression »[33]. À défaut d'accord, la métropole élabore un document d'orientation stratégique qui « prend en compte le schéma régional » et ce document tient lieu d'orientations pour la métropole (art. L. 4251-15 du CGCT). Outre cela donc, nous avons vu que « les actes des collectivités territoriales et de leurs groupements en matière d'aides aux entreprises doivent être compatibles avec le SREDII ». Une fonction des conventions conclues pour sa mise en œuvre pourrait donc être d'organiser ce rapport de compatibilité et ainsi d'encadrer ce rapport de hiérarchie qui ne dirait pas son nom.

Ceci étant, on sait que le rapport de compatibilité se situe bien en deçà du rapport de conformité. À ce titre, le professeur Henri Jacquot explique que « la norme inférieure n'a pas à être conforme avec la norme supérieure, il suffit qu'elle soit compatible avec elle.

33. B. FAURE, « Le leadership régional : nouvelle orientation du droit des collectivités territoriales ? », *AJDA* 2015, p. 1898.

Le juge semble considérer que l'obligation de compatibilité implique seulement qu'il n'y ait pas de contrariété entre normes supérieures et inférieures et que cette dernière n'empêche pas la mise en œuvre de la norme supérieure (CE 17 décembre 1982, n° 38517). Cette notion de compatibilité laisse donc à l'échelon inférieur une certaine liberté »[34]. Le rapport de compatibilité apporte ainsi ce que d'autres appellent une « garantie négative » : il autorise ce qui est différent, mais prohibe ce qui est contraire. Le professeur Chapus va même plus loin en relevant que « la norme inférieure peut être différente de ce qu'elle devrait être pour se trouver conforme à la norme supérieure et qu'elle peut même, dans une certaine mesure, lui être contraire »[35]. Le droit de l'urbanisme fournit de nombreux exemples des souplesses autorisées dans les rapports entre les actes qui s'y rapportent, à l'intérieur du rapport de compatibilité[36].

On retiendra donc que, pour le domaine qui nous intéresse, les actes des collectivités ne devront pas aller à l'encontre des orientations fondamentales contenues dans les SRDEII, mais cela ménage suffisamment de marges de manœuvre pour laisser les partenaires publics négocier et bâtir entre eux des modes coordonnés d'interventions économiques, le contrat pouvant alors être aussi et surtout la traduction de cette coordination.

Lors d'un colloque organisé le 27 juin 2017 par le Conseil national des économies régionales, consacré à la mise en œuvre des SRDEII, plus que de hiérarchie, de relation de tutelle, de prescription ou de compatibilité, c'est la nécessité de partenariats, d'un travail en mode projet, en lien avec tous les acteurs du monde économique local,

---

34. Synthèse n° 170, *JurisClasseur Collectivités territoriales* ; cité par M. Didier, *Conséquences de la loi NOTRe en matière d'intervention économique des collectivités territoriales*, AMF, mai 2016, p. 4.

35. R. CHAPUS, *Droit administratif général*, 13e éd., Paris, Montchrestien, n° 1270.

36. Pour une illustration, voir S. TRAORE, *Les schémas de cohérence territoriale de la loi SRU du 13 décembre 2000*, Paris, L'Harmattan, 2001, coll. « Administration Aménagement du territoire », p. 120.

qui a été soulignée[37]. Un intervenant, Philippe Estèbe, professeur associé au CNAM, a présenté le schéma comme « point de passage obligé avec des effets d'affichage politique et la constitution d'une nouvelle équipe », mais en ajoutant que « plus personne ne croit à son opérationnalité directe ». L'ancien préfet de la région Champagne-Ardenne, Michel Guillot, a lui aussi jugé, à partir des schémas élaborés en 2017, que le SRDEII n'est « évidemment pas un plan d'actions », qu'il n'est pas « directement opérationnel » et que l'enjeu était de réussir à travailler de manière collégiale, de « broyer les cloisonnements ».

Ces sujets sont directement au cœur des discussions sur l'élaboration des contrats pour l'application des SRDEII et leur contenu pourrait bien, au final, traduire une autre orientation que celle dessinée par la loi : répartir et rééquilibrer les rôles entre les partenaires publics locaux, régions, métropoles et communautés, puisque les départements se trouvent, eux, en grande partie exclus de la compétence économique. Dans les travaux préparatoires à ces documents, les régions ont elles-mêmes affiché, le plus souvent, cette volonté de partenariat équilibré, ce qui correspond probablement à une vision pragmatique et réelle de la répartition des rôles pour le développement économique local. Reste que, s'agissant de la fonction des conventions d'application des SRDEII, elle pourrait bien être d'adoucir une première lecture de la loi NOTRe quant à la prééminence régionale en matière de développement économique local, le résultat n'étant pas si éloigné de la logique de chef de file qui découlait initialement de la loi MAPTAM. Il est difficile pour l'heure d'aller plus loin que quelques pistes et hypothèses temps que tous les documents ne sont pas encore connus et que la mise en œuvre des orientations n'a pas fait l'objet de premières évaluations. Ces commentaires devront être affinés au fil du temps.

37. E. ZAPALSKI, « Développement économique – Quelle mise en œuvre pour les SRDEII ? », *Localtis.info*, *www.caissedesdepotsdesterritoires.fr*, 28 juin 2017.

***
*

« On ne peut pas gouverner par contrat », pour reprendre la formule du vice-président Denoix de Saint Marc en 2003[38] et c'est le propre du contrat de résulter de la négociation entre les parties et de ne pas imposer une volonté à une autre, notamment lorsqu'il n'est pas obligatoire et ne se résume pas en un simple contrat d'adhésion (ce qu'ont pu être certains des premiers CPER). En matière de développement économique local, dans un cadre juridique certes rénové et qui organise une montée en puissance régionale, le contrat entre collectivités publiques territoriales répond bien à cette fonction de concertation, d'accord, de partenariat; la contractualisation correspond à un droit de régulation, un droit « jupitérien », exprimant la transcendance étatique, selon Jacques Chevallier[39]. En revanche, en suivant ce raisonnement, plus on contractualise, moins on gouverne, et on peut y voir une limite à la régionalisation affichée de la compétence relative au développement économique local.

Quant à l'atypisme de cette contractualisation, par son contexte juridique, son contenu, sa diversité, ses effets, indéniablement, plusieurs originalités sont détectées la concernant. Nous avons essayé d'en mettre certaines en évidence, mais, au moment de conclure, il convient également de relativiser ou de nuancer cet atypisme. D'abord parce qu'il faudrait rapprocher cette contractualisation de celle qui existe ou existera à terme aussi dans le domaine de l'aménagement, de l'environnement, de l'urbanisme, à partir des SRADDET en particulier. Ensuite, parce que l'atypisme en cause, d'une manière générale, nous semble bien être celui de la contractualisation entre

38. R. DENOIX DE SAINT MARC, « La question de l'administration contractuelle », *AJDA* 2003, p. 971.
39. Article cité, p. 7.

personnes publiques, de cette distinction entre le contrat juridique et le contrat de politique publique, qui nous fait entrer dans une zone juridique incertaine et encore très mouvante.

Le dernier commentaire consiste enfin à relever que tout cela atténue ou même annule en partie les effets de la disparition de la clause générale de compétence et la volonté de spécialisation des collectivités territoriales. Dans le domaine économique, la confusion institutionnelle a peut-être été réduite, mais elle existe toujours et le contrat peut la renforcer. C'est aussi le sujet de la différenciation territoriale, évoquée peu après son élection par le Président de la République, Emmanuel Macron[40], de la diversité des modalités territoriales d'animation et de conduite du développement économique local, qui est posé et, *in fine*, à travers une compétence phare, la question de la forme de l'État.

---

40. Dans son discours lors de la Conférence nationale des territoires, en juillet 2017, au Sénat, voir : G. CHAVRIER, « Le président Macron et la différenciation territoriale », *La Gazette des communes* 28 août 2017.

LA COMPLEXITÉ DE LA CONCLUSION DES CONVENTIONS TERRITORIALES D'EXERCICE CONCERTÉ D'UNE COMPÉTENCE

Sabine AUBEL

Doctorante en droit public
Université de Lorraine, IRENEE (EA 7303)

Le rapport établi par le comité Balladur le 5 mars 2009[1] évoquait l'organisation territoriale de la France comme « ancienne, complexe, faite de sédiments successifs accumulés en fonction des époques ». Ces particularités sont le fruit de différentes réformes législatives qui ont toutes apporté leur lot de nouvelles dispositions sans pour autant réussir à clarifier la répartition des compétences locales. Par les lois de décentralisation[2], le législateur a entrepris un chantier d'envergure et a posé les bases d'un aménagement des compétences pouvant être exercées par les collectivités territoriales. Ce sont donc des blocs[3] de compétences qui ont été transférés à ces collectivités, en attribuant à chaque échelon un domaine de compétence. Cette façon de procéder a très rapidement révélé ses carences tant la logique des blocs n'a

1. Rapport rendu par le comité pour la réforme des collectivités locales, 5 mars 2009, *Il est temps de décider*, *JORF* 6 mars 2009, n° 0055, p. 416.
2. Loi n° 82-213 du 2 mars 1982, relative aux droits et libertés des communes des départements et des régions.
3. Loi n° 83-8 du 7 janvier 1983 et loi n° 83-663 du 22 juillet 1983, relatives à la répartition des compétences entre les communes les départements les régions et l'État.

pas permis de dégager des listes de domaines suffisamment exhaustives pour permettre une répartition claire des compétences locales, l'utilisation massive de la clause générale de compétence en est l'une des conséquences. Bien que l'existence des collectivités locales soit consacrée par la Constitution[4], aucun article ne prévoit de méthode de répartition des compétences entre l'État et ses collectivités territoriales, sauf peut-être en ce qui concerne le partage de compétences entre les collectivités qui ne doit pas conduire à l'instauration d'une tutelle d'une collectivité sur une autre[5]. La Constitution, en garantissant le respect de la libre administration, a favorisé un exercice libre et protégé de leurs compétences par les élus locaux.

La logique des blocs n'est pas parvenue à spécialiser totalement chaque échelon local ni à favoriser un désengagement total de l'État qui doit veiller à assurer l'égalité entre les administrés. La question de la clarification dans la répartition des compétences locales est devenue l'une des plus épineuses du droit des collectivités tant les acteurs publics sont enracinés dans un système de « co-administration généralisée »[6]. La clarification des compétences des collectivités territoriales focalise et monopolise l'attention du législateur depuis la loi du 16 décembre 2010 portant réforme des collectivités territoriales, un texte intitulé comme tel, mais qui n'a pas pour autant tranché cette question.

La loi MAPTAM de modernisation de l'action publique territoriale et d'affirmation des métropoles du 27 février 2014[7] et la loi NOTRe portant nouvelle organisation territoriale de la République

4. Article 72 de la Constitution du 4 octobre 1958.
5. B. FAURE, « De la détermination des compétences des collectivités locales », *Petites affiches* 14 mai 2001, n° 95, p. 36.
6. B. FAURE, « De la détermination des compétences des collectivités locales », *Petites affiches* 14 mai 2001, n° 95, p. 36.
7. Loi n° 2014-58 du 27 janvier 2014 de modernisation de l'action publique territoriale et d'affirmation des métropoles.

du 7 août 2015[8] ont proposé un nouveau dispositif législatif présenté comme une solution à l'enchevêtrement des compétences, par la création de la conférence territoriale de l'action publique ainsi que par la rénovation de la fonction de chef de file qui sera chargé d'élaborer les conventions territoriales d'exercice concerté de compétences.

Ceci s'inscrit dans un mouvement plus général de réforme territoriale dans lequel, les régions et les groupements intercommunaux à fiscalité propre sont dotés d'attributions nouvelles et apparaissent comme le binôme d'avenir de la décentralisation et de la coopération intercommunale. Le législateur a contraint à la collaboration la région, les autres collectivités territoriales et les EPCI à fiscalité propre en les réunissant au sein d'une nouvelle structure : la conférence territoriale de l'action publique (CTAP).

L'institution de cette conférence a pu susciter quelques interrogations, parce qu'elle intervient à un moment où plusieurs rapports ont préconisé de rationaliser les structures pour alléger le millefeuille administratif et réorganiser les compétences locales. Pourtant la CTAP est présentée comme l'organe pouvant clarifier la répartition des compétences entre les différents acteurs locaux, par l'instauration d'une cohésion et d'une réflexion entre collectivités et EPCI à fiscalité propre.

La région a été placée dans une position de stratège par le législateur, l'acte III de la décentralisation lui ayant octroyé entre autres la charge de la présidence de la CTAP, ce qui peut susciter quelques interrogations.

La création des conventions territoriales d'exercice concerté d'une compétence pose plus largement la problématique de l'enchevêtrement des compétences, notamment au regard du panel de compétences offertes aux collectivités territoriales : compétences attribuées, déléguées, partagées ce qui inclut les compétences soumises au chef

8. Loi n° 2015-991 du 7 août 2015 portant nouvelle organisation territoriale de la République.

de file et qui nécessitent le concours de plusieurs collectivités territoriales. Cette répartition des compétences apparaît aujourd'hui confuse, ce qui conduit à réfléchir sur l'efficacité du choix du législateur de favoriser la voie conventionnelle comme système de clarification et de répartition des compétences locales, au moyen de la création d'une nouvelle structure rassemblant l'ensemble des représentants des élus communaux et intercommunaux.

Afin de répondre à cette interrogation, envisageons tout d'abord l'encadrement de ces nouvelles dispositions par le principe de libre administration (I), puis il convient aussi de les analyser comme une solution à l'enchevêtrement des compétences, mais également comme une source de complexité (II).

I. L'encadrement de la procédure par le principe de libre administration

L'analyse de la convention territoriale d'exercice concerté d'une compétence s'inscrit dans une réflexion assez large impliquant une étude du rôle et des buts recherchés par la conférence territoriale de l'action publique (A), mais également au regard du renouveau de la notion de chef de file (B).

A. Le rôle et la composition de la conférence territoriale de l'action publique, nouvel acteur local en matière d'exercice des compétences

La loi MAPTAM dont l'objectif était en partie de moderniser l'action publique a institué une conférence territoriale de l'action publique, une nouvelle strate dans un millefeuille administratif déjà bien étoffé par les différentes lois et réformes. La conférence territoriale de l'action publique est définie au tout début du Code général des collectivités territoriales, à l'article L. 1111-9-1[9], parmi les dispositions concernant le principe de libre administration. La CTAP est chargée

9. Article L. 1111-9-1 du CGCT.

de chapeauter et de valider la conclusion des conventions territoriales d'exercice concerté des compétences, elle peut « débattre et rendre des avis sur tous les sujets relatifs à l'exercice de compétences et à la conduite de politiques nécessitant une coordination ou une délégation de compétences entre les collectivités territoriales et leurs groupements[10]. »

Cette conférence territoriale de l'action publique peut être considérée comme une émanation des organes délibérants des collectivités territoriales, ce qui explique que les dispositions la concernant soient rattachées à la libre administration. Le président du conseil régional en assure la présidence, la CTAP est également composée des présidents des conseils départementaux, ainsi que les présidents d'EPCI à fiscalité propre de plus de 30000 habitants situés sur le territoire de la région. Elle comprend aussi un représentant élu des EPCI à fiscalité propre de moins de 30000 habitants ayant leur siège sur le territoire de chaque département, un représentant élu des communes de plus de 30000 habitants situées sur le département, un représentant élu des communes dont le nombre d'habitants est compris entre 3 500 et 30000 habitants de chaque département et enfin un représentant élu des communes de moins de 3 500 habitants de chaque département[11].

La représentation des communes et de leurs groupements s'effectue en leur sein par les présidents d'EPCI, ou par les maires, s'il s'agit de représentants des communes[12]. Le CGCT, en privilégiant dans ce cas l'élection à la désignation, admet implicitement l'absence d'un consensus des présidents d'EPCI ou des maires sur le choix de ces représentants. Cette conférence est assez représentative puisqu'elle comporte des représentants des zones rurales et urbaines ; l'ensemble du territoire régional est associé à la concertation, mais

10. Article L. 1111-9-1, I du CGCT.

11. Article L. 1111-9-1, II, 1 à 7 du CGCT.

12. Article 1er du décret n° 2014-1076 du 22 septembre 2014 précisant les modalités d'élection et de désignation des membres de la conférence territoriale de l'action publique autres que les membres de droit.

une critique peut cependant être formulée à l'égard de la représentation des élus des communes et des EPCI à fiscalité propre, ils ne disposent que d'une faible représentation[13]. Le préfet de région arrête la liste définitive des membres de la CTAP, un organe pouvant donc contenir des membres élus, désignés ou de droit[14]. La composition de cet organe fait apparaître une liste de représentants des différents organes délibérants, dont le mode de désignation n'est pas homogène.

Cette conférence est donc un organe chargé d'organiser et surtout de coordonner l'exercice des compétences partagées entre plusieurs niveaux de collectivités territoriales, en instaurant un débat permettant une coordination des interventions des personnes publiques[15]. Elle devient en quelque sorte le pilote dans l'exercice de ces compétences exercées dans le cadre du chef de file. Elle est définie par la circulaire du 10 février 2016 comme « un lieu de concertation pour l'exercice des compétences »[16].

Il s'agit de faire intervenir, dans la décision finale d'exercice de certaines compétences, un nouvel organe délibérant qui n'est pas désigné directement par les habitants du territoire régional, mais qui va tout de même donner un avis définitif sur la répartition de certaines compétences locales. Les chefs de file sont en quelque sorte éclipsés par les CTAP, puisque la convention élaborée par ces derniers ne pourra être validée que par cette conférence.

La CTAP exerce une sorte de suivi des conventions puisque ces dernières peuvent être révisées après trois années ou en cas de modification d'éléments financiers, législatifs ou réglementaires qui avaient

13. N. FERREIRA, « Chef de filât et conférence territoriale de l'action publique », *JCP A* 24 février 2014, n° 8, 2048, p. 5.

14. L'élaboration de ces listes est intervenue dans les trois mois suivant la publication du décret du 22 septembre 2014.

15. Article L. 1111-9-1 IV du CGCT.

16. Circulaire du 10 février 2016 portant sur le fonctionnement de la conférence territoriale de l'action publique, NOR : RDFB1532530J.

guidé leur rédaction[17]. Les chefs de file sont également chargés de rendre un rapport à la CTAP, une fois par an, une façon d'examiner si les échéances et modalités des conventions ont bien été respectées. Enfin, la CTAP peut examiner toute proposition de rationalisation de compétences partagées alors même que la collectivité en question ne serait pas qualifiée de chef de file, ce qui correspond à un grand nombre de compétences[18]. La création de cette conférence atteste d'une prise de conscience, de la part du législateur, que les problèmes liés à l'exercice des compétences locales ne peuvent se résoudre qu'avec une concertation de l'ensemble des collectivités territoriales et EPCI à fiscalité propre par le biais de leurs représentants, qui sont normalement conscients des problèmes liés à l'exercice des compétences sur leur territoire, ce qui peut constituer une réelle application du principe de libre administration.

Les présidents de région, qui président ces structures, ont pour certains envisagé cette conférence comme un simple instrument d'information, mais pas forcément comme un vecteur de coordination. La région peut moduler le rayonnement de cette CTAP en choisissant de ne la réunir qu'une seule fois, c'est-à-dire le minimum exigé par la loi, elle peut en revanche assurer un plus grand nombre de réunions, et alors constituer un véritable outil de coordination, comme la loi le préconise.

Le succès des CTAP reste toutefois mitigé, et peu de conventions d'exercices concertés des compétences ont été conclues : en 2016, une seule a vu le jour dans la région Occitanie, cette convention a été conclue entre départements dans le domaine de la solidarité territoriale. Le travail des régions sur ces projets de conventions manque d'homogénéité, puisque certaines conventions sont à l'étude dans certaines régions, alors que d'autres ont repoussé leur élaboration[19].

17. Article L. 1111-9-1 VIII, al. 2 du CGCT.
18. Article L. 1111-9-1 VII du CGCT.
19. A. DURANTHON, « Le droit des collectivités territoriales au milieu du gué », *JCP A* juillet 2017, n° 7, étude 12.

L'efficacité de la CTAP et des conventions territoriales d'exercice concerté d'une compétence dépend de la notion de chef de file, une notion qui a été considérablement rénovée par le législateur.

B. Le renouveau de la notion de chef de file

La référence au chef de file renvoie directement à l'enchevêtrement des compétences, cette notion apparaît ici comme un moyen de clarification de cette répartition[20]. Issu de la loi du 4 février 1995[21], ce dispositif a été perfectionné par la réforme constitutionnelle de mars 2003 et réaffirmé par la loi du 13 août 2004 sur les libertés et responsabilités locales. La Constitution dans son article 72 alinéa 5 dispose que :

> « Lorsque l'exercice d'une compétence nécessite le concours de plusieurs collectivités territoriales, la loi peut autoriser l'une d'entre elles ou un de leurs groupements à organiser les modalités de leur action commune. »

Bien que cet article ne mentionne pas explicitement le chef de file, il s'agit bien ici de réserver l'organisation de certaines compétences qui ont vocation à être exercées par plusieurs niveaux de collectivités territoriales à l'une d'entre elles, sans toutefois imposer de contrainte ou de tutelle[22]. Le but est de permettre une meilleure cohésion dans l'exercice de ces compétences, une clarification nécessaire, permettant d'éviter les doublons et les financements croisés.

La loi MAPTAM a rénové ce dispositif, d'une part, en ne le réservant plus seulement aux départements et aux régions, mais également aux communes et à leurs groupements intercommunaux à fiscalité propre, et d'autre part, en confiant aux chefs de file le soin d'élaborer les conventions d'exercice concerté des compétences.

20. F. CROUZATIER-DURAND, [entrée] « Chef de file », *in* N. KADA, R. PASQUIER, C. COURTECUISSE, V. AUBELLE, *Dictionnaire encyclopédique de la décentralisation*, Paris, Berger Levrault, 2017, p. 161.
21. Article 65 II, loi d'orientation du 4 février 1995.
22. CE 12 décembre 2003, *Département des Landes*, req. n° 236442.

Ce texte législatif instaure un renouveau du chef de file parce qu'il ne s'agit plus ici « de coordonner l'action de plusieurs collectivités au niveau géographiquement le plus étendu », « le chef de file est désormais envisagé au regard des compétences et non plus au regard du territoire »[23]. L'ouverture du chef de file aux communes confirme cette nouvelle définition, la potentielle supériorité de la région vers les départements et les communes est atténuée, mais elle n'est pas exclue, car il revient tout de même à la CTAP de valider ces conventions.

Mais comme toujours, la complexité des dispositions législatives en droit des collectivités territoriales n'est jamais très loin, l'application de l'article L. 1111-9-1 ainsi que de la notion de chef de file suscite quelques interrogations. En effet, le nombre de communes et d'EPCI à fiscalité propre chefs de file risque d'être important, ces derniers devenant coordonnateurs sur leurs territoires, et les départements étant eux-mêmes chef de file sur leur propre territoire (qui comprend ces communes) pour leurs domaines d'actions. Il y aura donc un éclatement de l'exercice de ces compétences partagées. Le précédent système a laissé la place à un procédé encore plus complexe qui nécessitera l'élaboration d'un nombre très conséquent de conventions, il n'est pas certain que ce système contribue à la réalisation d'une répartition des compétences locales plus rationnelle.

Le texte législatif reste toutefois nébuleux sur bien des aspects et manque même de précisions, ce qui contribue d'ailleurs à complexifier ce nouveau dispositif. D'une part, la rédaction de l'article L. 1111-9-1 du CGCT ne permet pas de savoir si toutes les communes et leurs groupements peuvent être qualifiés de chefs de file ou seulement certaines d'entre elles. Si l'on se réfère à cet article, nous pouvons constater qu'il mentionne « la région » et « le département », mais qu'il vise « les communes et les établissements publics de coopération

23. L. JANICOT, « La fonction de collectivité chef de file », *RFDA* 2014, p. 472.

intercommunal »[24], comme auteurs des conventions. D'autre part, la composition de la conférence territoriale de l'action publique ne regroupe qu'un petit nombre d'élus communaux : le Code général des collectivités territoriales ne faisant référence qu'à un seul élu comme représentant des différentes communes[25], ce qui renvoie au constat exposé précédemment relatif à la composition de la CTAP. Le texte ne dit pas non plus s'il s'agit d'élus des communes chefs de file ou de représentants de l'ensemble des communes classifiées en fonction de leur nombre d'habitants. Il semble que le législateur, par l'emploi d'une formulation assez générale, a souhaité faire de l'ensemble des communes et de leurs EPCI à fiscalité propre des chefs de file, rendant de surcroît l'effort de clarification engagé particulièrement difficile à mettre en œuvre[26].

Le chef de file semblait à première vue être le dispositif le plus approprié pour mettre en œuvre la coordination et la clarification tant souhaitée, ce qui a permis d'étendre la liste des compétences gérées par le biais du chef de file. Cette liste dresse un inventaire des domaines pour lesquels une action commune est possible par l'intermédiaire d'une convention d'exercice concerté, mais le législateur encadre cette procédure sans pour autant la rendre contraignante pour les collectivités territoriales.

En effet, la collectivité chef de file doit rester dans son rôle de coordinateur et d'animateur, son intervention ne doit pas aboutir à la mise en œuvre d'un contrôle trop poussé envers les autres collectivités territoriales. La complexité réside aussi dans la capacité des nouveaux chefs de file à respecter la mission qui leur a été dévolue.

Finalement, le chef de file ne constitue dans ce processus qu'un simple vecteur entre les collectivités qualifiées comme telles et chargées de coordonner certaines compétences et la CTAP, son rôle

24. Article L. 1111-9-1 V, *a* et *b* du CGCT.
25. Article L. 1111-9-1 II, 4,5,6,7 du CGCT.
26. L. JANICOT, « La fonction de collectivité chef de file », *RFDA* 2014, p. 472.

est limité puisqu'il n'est que le rédacteur de la convention, cette dernière ne pouvant acquérir de valeur juridique qu'à la suite d'une validation par la CTAP.

La création des conventions territoriales d'exercice concerté doit être analysée comme une nouvelle tentative de clarification dans la répartition des compétences, ce qui nous amène à envisager ces conventions territoriales d'exercice concerté comme une possible solution à l'enchevêtrement des compétences, à mi-chemin entre la clarification et la complexité.

II. Une possible solution à l'enchevêtrement des compétences : entre clarification et complexité

Le législateur a envisagé la clarification dans la répartition des compétences locales de façon différente en privilégiant la voie conventionnelle dans le cadre de l'exercice conjoint de compétences (A), mais aussi en instituant un dispositif beaucoup trop étroit comme solution à un enchevêtrement généralisé (B).

A. L'exercice conjoint de compétences par la voie conventionnelle

Le perfectionnement de la notion de chef de file par la loi MAPTAM avait pour but de prévenir la suppression de la clause générale de compétence pour les départements et les régions, le législateur souhaitait qu'une clarification concertée des compétences partagées puisse être entreprise.

Le système des conventions d'exercice concerté des compétences s'inscrit dans cette logique, puisqu'il s'agit d'inciter les collectivités à plus de collaboration en favorisant une gestion coordonnée des compétences « en fixant les objectifs de rationalisation et les modalités de l'action commune pour chacune des compétences concernées »[27].

27. Article L. 1111-9-1, V du CGCT.

La convention doit permettre de régler en partie les problèmes liés à l'enchevêtrement des compétences. Il semble que le législateur ait privilégié la voie conventionnelle comme « mode normal d'exercice des compétences locales »[28]. Le législateur a créé deux types de convention : celles qui seront conclues entre la région et le département pour chacun de leurs domaines, et celles qui peuvent être élaborées par les communes ou leurs EPCI à fiscalité propre pour chaque domaine de compétences pour lesquelles elles sont chef de file[29].

Chaque collectivité chef de file pilote l'élaboration de la convention et fixe les objectifs de rationalisation et les modalités de l'action commune pour chacune de ses compétences. Elle est dépourvue de pouvoir de contrainte et n'instaure pas à proprement parler de rapport d'autorité. L'usage d'une convention implique néanmoins une négociation entre les parties, des objectifs en termes d'exécution de la compétence seront établis par la collectivité délégante qui attendra que la collectivité délégataire exécute ses engagements[30]. Ce qui est présenté par le législateur comme une conciliation d'intérêts locaux repose en réalité sur des rapports contraignants que l'on retrouve d'ailleurs dans tous les rapports contractuels. Il faut également envisager l'hypothèse dans laquelle les parties à cette convention ne réussissent pas à trouver d'accord. La rédaction de l'article L. 1111-9 semble imposer l'élaboration des conventions d'exercice concerté d'une compétence aux régions et aux départements : le CGCT dispose que « la région et le département élaborent un projet de convention », « les communes et les EPCI peuvent élaborer »[31], toutefois le texte ne prévoit pas de moyens de sanctions contre les départements ou les régions chefs de file qui n'auraient pas élaboré ces conventions,

28. N. FERREIRA, « La loi NOTRe : l'enchevêtrement des compétences, suite et fin… ? », *AJCT* 2016, p. 79.
29. Article L. 1111-9-1 V, *a* et *b* du CGCT.
30. N. FERREIRA, « La loi NOTRe… », *op. cit.*
31. Article L. 1111-9-1 V, *a* et *b* du CGCT.

puisqu'il s'agit avant tout d'une faculté pour ces collectivités territoriales qui restent libres de ne pas passer ce type de conventions. En revanche, les communes et leurs groupements qui ne sont pas chef de file risquent de se désengager de ces concertations suite à des désaccords avec les autres élus locaux. La complexité se caractérise ici sous la forme de la recherche d'une entente entre tous les acteurs locaux soucieux d'administrer au mieux leurs territoires respectifs, mais aussi du nécessaire respect des obligations contractuelles qui découlent de ces conventions.

La convention doit spécifier notamment les niveaux de collectivités concernées, elle doit également mentionner les délégations de compétences entre collectivités ou entre la région, le département et un EPCI à fiscalité propre, les modalités de la coordination et de la simplification, ainsi que la clarification des interventions financières[32]. Une fois que le projet est élaboré, il est transmis à la CTAP, les organes délibérants des collectivités ou EPCI concernés disposeront d'un délai de trois mois pour l'approuver. Cette approbation conduira ensuite à une application concrète des engagements pris dans ce contrat, c'est-à-dire la gestion d'une compétence.

Certaines remarques peuvent toutefois être formulées, notamment au sujet des obligations découlant de la convention elle-même. Les parties à la convention s'engagent à un respect des obligations contractuelles qui en découlent, mais force est de constater que leur élaboration est le fruit d'une concertation guidée par la collectivité chef de file, le but de cet engagement est de favoriser une action cohérente et concertée d'une compétence, qui ne sera possible qu'avec la conclusion ultérieure d'autres contrats, puisque l'exercice et la mise en place des compétences partagées ne peuvent s'effectuer qu'avec une seule convention. Ces dernières sont limitées à six ans, ce qui rend la délégation de compétence temporaire ; le législateur a obligé les élus locaux à la concertation, en leur fixant un objectif

32. Article L. 1111-9-1, V, *d*, 1 à 5 du CGCT.

de rationalisation. Ce choix ne peut cependant être regardé comme une solution d'avenir, mais plutôt comme une source de complexité. Les conventions ne sont utiles que pour des solutions au cas par cas. Par ailleurs, une action commune des collectivités n'implique pas obligatoirement la présence d'une parfaite cohésion entre ces acteurs qui sont les parties à cette convention. Une rivalité risque d'être constatée entre les collectivités qui sont chef de file et celles qui ne le sont pas, les collectivités mécontentes peuvent également choisir de ne plus s'associer dans le futur à ces gestions concertées. Le choix de cette forme contractuelle comme moyen de clarification des compétences locales ne s'impose pas aux collectivités et à leurs groupements, elles restent libres de contracter ou pas cet engagement.

Ce nouveau dispositif peut être considéré également comme une réponse aux mesures contraignantes prises par le législateur en matière de répartition des compétences, et notamment à l'égard des nombreux transferts de compétences obligatoires qui ont été ajoutés dans quasiment toutes les formes de coopération intercommunale et qui ont eu pour conséquence de restreindre la libre administration des conseillers municipaux.

Mais dans ce cas précis, la région, qui conduit la CTAP, n'est pas en mesure d'imposer une concertation et donc la rédaction de ces conventions. Son rôle va être d'agir non en fonction des intérêts poursuivis par le président de la région, mais en fonction des intérêts de l'ensemble du territoire, elle devra favoriser la conciliation, et conseiller aux élus locaux d'agir conformément aux « intentions du législateur de créer une instance de concertation des représentants des collectivités territoriales dans la région »[33].

Mais ces conventions apparaissent sous certains aspects comme des dispositifs trop étroits pour apporter une solution à l'enchevêtrement des compétences.

33. Circulaire du 10 février 2016, portant sur le fonctionnement de la conférence territoriale de l'action publique, NOR : RDFB1532530J.

B. Un dispositif trop étroit face à un enchevêtrement généralisé

L'impact des conventions territoriales d'exercice concerté d'une compétence doit aussi être envisagé au regard de la suppression de la clause générale de compétence, ceci s'inscrit dans une réflexion beaucoup plus large liée à la spécialisation des compétences. La loi NOTRe a pris l'engagement de conditionner l'intervention des régions et des départements aux seules compétences qui leur ont été attribuées par la loi, seule la commune échappe à cette logique. Ces compétences d'attribution sont aujourd'hui très étendues de façon à faciliter une intervention des régions et des départements sans la possibilité d'avoir recours à clause de compétence générale. Force est de constater que ces compétences sont définies de façon très large, ce qui laisse généralement aux collectivités territoriales la faculté d'intervenir dans des domaines similaires, y compris celles qui s'inscrivent dans le cadre d'un exercice concerté. La spécialisation des collectivités dans un domaine particulier n'est donc plus si évidente depuis la loi NOTRe.

Le contenu des compétences nécessitant un exercice concerté est parfois assez peu éloigné des compétences d'attribution, par exemple la région est chef de file pour l'aménagement et le développement durable du territoire, les communes et les EPCI le sont en matière d'aménagement de l'espace. Par ailleurs, n'y aurait-il pas risque de confusion entre la compétence de la région chef de file en matière d'intermodalité et de transport et celle des communes et EPCI en matière de mobilité durable ? Il semble que la conclusion de ces conventions d'exercice concerté risque d'engendrer encore davantage de complexité à une situation qui n'en manque pas.

L'article L. 1111-9-1 du CGCT semble corroborer cette remarque puisqu'il prévoit que toute collectivité étant chargée par la loi de réaliser un schéma dans l'une des compétences mentionnées à l'article L. 1111-9 du CGCT peut élaborer elle-même un projet de document unique tenant lieu de convention territoriale d'exercice concerté de la compétence en question. Par exemple, la région est chargée d'élaborer un schéma de la mobilité sur son territoire, la disposition précitée semble indiquer que les communes et leurs EPCI n'auraient alors pas leur mot à dire en matière de mobilité durable, une compétence pour laquelle ils sont chef de file. Il est alors loisible de se demander si la notion de chef de file est réellement utile dans ce cas puisque la région est clairement désignée comme le pilote dans la mise en œuvre de certaines compétences.

La confusion ne semble pas s'arrêter là puisque l'article L. 1111-9 du CGCT prévoit que toute collectivité exerçant une compétence partagée peut également formuler des propositions de rationalisation de son exercice, une proposition qui fera l'objet d'un débat au sein de la CTAP. Les apports de la CTAP semblent plus manifestes que ceux du chef de file dont l'efficacité paraît finalement assez restreinte.

Le recours à ces conventions va se mesurer sur la durée. La question est de savoir si le choix d'avoir confié la présidence de cet organe à la région ne va pas instaurer une sorte de rapport hiérarchique entre cette collectivité territoriale et les autres. Le législateur a privilégié la rationalisation, mais force est de constater que l'utilisation des conventions d'exercice concerté des compétences partagées va aboutir à la création de systèmes de répartition des compétences locales propres à chaque région.

REGARD SUR LES RAPPORTS FINANCIERS CARACTÉRISANT LA CONTRACTUALISATION PUBLIQUE LOCALE

par

Romain MAINNEVRET

Docteur en droit public

Université de Reims Champagne-Ardenne

L'essor de la contractualisation est un mouvement de fond du droit public[1]. Ainsi le recours au contrat par les acteurs publics progresse, y compris pour assurer le développement des territoires. Cependant, en cohérence avec la thématique du présent ouvrage, d'une part, nous n'aborderons pas l'ensemble de la contractualisation publique[2], et

1. J. CAILLOSSE, « Interrogations méthodologiques sur le tournant contractuel de l'action publique », *in Mélanges Guibal*, p. 469 ; F. CAFARELLI, « Marchés publics et modernisation administrative », *in ibid.*, p. 493 ; F. FÉRAL, « Contrat public et action publique : au cœur d'une administration régulatrice » *in ibid.*, p. 527 ; M. KARPENSCHIF, « Le contrat au service des politiques publiques », *RFDA* 2014, p. 418 ; Conseil d'État, *Le contrat, mode d'action publique et de production de normes*, *Rapport public 2008*, vol. 2, La Documentation française, 2009 ; J. CHEVALLIER, « Loi et contrat dans l'action publique », *Cahiers du Conseil constitutionnel* 2005, n° 17 (Dossier : loi et contrat) ; J.-M. LEGRAND, « La contractualisation invite à penser l'action publique à partir de son bénéficiaire », *JCPA* 2013, n° 6 ; L. RICHER, « La contractualisation comme technique de gestion des affaires publiques », *AJDA* 2003, p. 973.

2. Le droit de la commande publique et les contrats passés avec une personne privée seront exclus.

d'autre part, il est opportun de préciser que l'utilisation de la notion de contrat est parfois discutable. En effet, concernant ce second point, des situations interrogent sur la nécessaire existence d'une bilatéralité ou plus généralement d'une multilatéralité caractérisant la relation contractuelle[3]. Ce caractère discutable va aussi contribuer à révéler certains aspects financiers de la contractualisation de l'action publique locale.

Ces précisions étant apportées, au point de départ de l'analyse, il faut souligner que la contractualisation est, en principe, permise par l'organisation décentralisée de l'État français, car un lien existe incontestablement entre décentralisation et contractualisation. Ce lien est fondé sur le principe suivant : la contractualisation est devenue possible en raison du processus de décentralisation.

Cette contractualisation, objet de notre analyse, met en rapport aussi bien les acteurs publics locaux que nationaux. Elle est marquée par de récentes évolutions, comme peuvent l'illustrer le développement des contrats de délégation des compétences et celui des conventions d'exercices concertés des compétences. Dans cette perspective, la contractualisation dépasse les rapports entre les collectivités territoriales et l'État, car les établissements publics de coopération intercommunale (EPCI) peuvent aussi être des parties au contrat. De plus, l'État peut ne pas être présent dans cette relation contractuelle.

Ces dernières années, la question financière a une importance grandissante en raison de la volonté des différents gouvernements d'avoir une gestion de plus en plus rigoureuse des finances publiques. Cette perspective peut se rattacher à la nécessité de se rapprocher du respect de la fameuse règle limitant le déficit public budgétaire à 3 % du PIB[4]. Cette volonté se traduit par celle de rationaliser l'action

---

3. Toutefois, nous ne débattrons pas de la possible distinction sémantique entre « contrat » et « convention », pour des éléments tendant à l'assimilation, voir la communication de J.-M. PONTIER, « Contractualisation ou conventionnalisation de l'action publique locale », p. 19 de cet ouvrage.
4. Voir aussi les articles 120 à 126 du TFUE.

publique locale. La suppression de la clause de compétence générale aux régions et aux départements peut même interroger en tant qu'elle contribuerait à ce mouvement de rationalisation, en raison du choix affiché de clarifier la répartition des compétences. Cette rationalisation est aussi perceptible dans le cadre de la contractualisation de l'action publique locale et son développement, parfois y compris, quand l'État n'est pas partie au contrat. En effet, sous l'impulsion de l'État, les collectivités ont dû aussi progressivement s'inscrire dans cette logique de maîtrise de leurs dépenses publiques, malgré le principe constitutionnel de leur libre administration[5].

Dans cette perspective, en lien avec ce développement de l'utilisation du contrat, la question financière est nettement posée. Ainsi, dans la logique de la recherche d'un équilibre contractuel, engager la recherche d'un équilibre financier entre les parties au contrat peut sembler être une démarche intéressante pour percevoir les rapports financiers. Mais, l'empirisme nous amène à avoir une analyse qui se limite à la perception de « grandes tendances ». En effet, comment prétendre caractériser une relation financièrement équilibrée ? quels critères sélectionner pour prétendre à l'équilibre ? En dépit de l'absence de réponse parfaite à ces questions, on peut cependant percevoir des tendances synonymes d'équilibre ou de déséquilibre manifeste, qui comprennent une dimension financière. Notre acception de l'équilibre correspond cependant bien à l'idée d'égalité de poids des contractants, dans le sens d'un *aequilibrium inter partes*. Cet équilibre est aussi lié à la question de l'autonomie des acteurs dans leur capacité de contracter et d'exécuter le contrat.

Plus spécifiquement, il en résulte que ces contrats peuvent tendre manifestement à l'équilibre ou au déséquilibre financier. Ces tendances révèlent un degré d'autonomie des acteurs publics qui est par conséquent variable. Cette variabilité est bien liée aux différents types de contrats permettant de mettre en œuvre l'action publique locale.

5. Article 72 de la Constitution.

D'une manière connexe à cette problématique liée à l'équilibre des rapports financiers caractérisant la contractualisation, la perspective d'une recentralisation par le biais financier ne planerait-elle pas ? Ainsi, la contractualisation publique locale serait bien marquée par des rapports financiers différents, liés à la question de l'autonomie des acteurs contractants. En effet, il est identifié deux tendances constitutives de ces rapports. D'une part, la contractualisation entre l'État et les acteurs locaux est caractérisée par le déséquilibre financier (I). D'autre part, la contractualisation entre acteurs locaux décentralisés est, quant à elle, caractérisée par une complémentarité financière (II).

I. La contractualisation entre l'État et les acteurs locaux caractérisée par le déséquilibre financier

D'une certaine manière, la contractualisation de l'action publique locale prend certains traits du processus de décentralisation de l'État français. Ainsi, cette contractualisation est caractérisée par des rapports financiers déséquilibrés au profit de l'État, il s'agit d'une tendance structurelle (A). Dans une perspective évolutive, elle entretient des liens avec le développement d'une contractualisation financière. Cette dernière devient une spécificité des rapports entre l'État et les acteurs locaux, l'émergence de ce type de contractualisation est facteur d'accentuation du déséquilibre financier (B).

A. La tendance structurelle au déséquilibre

Emblématique du poids financier qui peut caractériser la contractualisation publique locale, le contrat de plan État-Région est structurellement marqué par un équilibre financier en trompe-l'œil. Des observations générales s'imposent sur ce faux équilibre au détriment des régions (1). Ce déséquilibre est constant. Ainsi, des incertitudes financières caractérisent aussi le développement des conventions de délégation de compétences de l'État aux acteurs publics locaux (2).

1. Observations générales sur le faux équilibre au sein des contrats de plan État-Région

À la lecture des contrats de plan État-Région, malgré la perception de différents financeurs, c'est bien une logique de cofinancement qui est à l'œuvre, et cela entre l'État et les régions. S'agissant de la période 2015-2020, il y a sept axes prioritaires[6] qui structurent ces plans. Des logiques financières sont aussi perceptibles. En effet, s'agissant de la répartition financière globale sur cette période, on peut noter 14,3 milliards d'euros issus du budget de l'État et 15, 2 milliards d'euros issus du budget des régions[7]. Au niveau de cette répartition, un certain équilibre tend à apparaître entre l'État et les régions, en raison de cette contractualisation qui porte sur plus de 30 milliards. Or, le problème est le suivant : le contrat de plan État-Région est marqué par certaines de ses caractéristiques le rapprochant d'un contrat d'adhésion, auxquels les acteurs locaux sont principalement en position d'adhérer. Plus généralement, il met en exergue les limites à la libre administration des collectivités. Dans cette perspective, on rejoint certains auteurs qui mettent en avant l'idée de « fausse liberté »[8] de contracter des collectivités.

Il en résulte que l'équilibre qui existe dans le sens numérique ne correspond pas à un réel équilibre financier. En effet, la prépondérance de l'État dans la prise de décision, c'est-à-dire dans les orientations financières dans la phase d'élaboration du contrat, est significative. C'est bien le pouvoir central qui va participer à orienter l'action publique locale. Cette orientation comprend même le transfert financier vers les régions, en raison du partage de certaines charges étatiques auxdites régions. De plus, initialement le ratio dans

6. Voir *http://www.gouvernement.fr/conseil-des-ministres/2015-02-25/la-signature-des-contrats-de-plans-etat-region-2015-2020.*

7. *Ibid.*

8. Par exemple, voir la communication de J.-M. PONTIER, *op. cit.*, p. 19 de cet ouvrage.

la première génération de contrat de plan État-Région était de 60/40[9], l'État était le contributeur principal ; aujourd'hui, ce sont les régions qui contribuent d'une manière supérieure au pouvoir central. Il faut en conclure que les principaux contributeurs ne sont donc pas les principaux décideurs, on en déduit bien que l'équilibre financier est contestable. À cela s'ajoute le principe selon lequel, les régions sont dépendantes de l'annualité du budget de l'État. Cette dépendance limite l'impérativité des engagements étatiques.

En raison de ces quelques éléments, l'emploi de la notion de contrat peut être aussi discutable, comme celle de plan, car il n'existe plus de réel plan de la nation. Le Conseil d'État a lui aussi relativisé l'utilisation de la notion de contrat[10]. En outre, ce débat sur le qualificatif de contrat et sur le déséquilibre financier peut aussi être déplacé concernant des contrats de ville. Ces derniers dépassent la simple relation entre la commune et l'État[11], et cela en raison de la prépondérance structurelle de la puissance étatique. Il en est de même d'une manière moindre concernant les contrats de locaux de sécurité[12]. Plus généralement, au-delà de ce déséquilibre, des incertitudes financières sont présentes. Ces dernières sont partagées concernant les conventions de délégation de compétences.

9. M. LEROY, *La logique financière de l'action publique conventionnelle dans le contrat plan État-Région*, spéc., p. 109.

10. CE 25 octobre 1996, *Estuaire Écologie*, req. nº 169557.

11. Article 6 de la loi nº 2014-173 du 21 février 2014 de programmation pour la ville et la cohésion urbaine, paragraphe 1er : « La politique de la ville est mise en œuvre par des contrats de ville conclus à l'échelle intercommunale entre, d'une part, l'État et ses établissements publics et, d'autre part, les communes et établissements publics de coopération intercommunale à fiscalité propre concernés. Ces contrats sont signés par les départements et les régions. »

12. Voir A. RAINAUD, « Les contrats locaux de sécurité » *in* N. DANTONEL-COR (dir.), *Les politiques publiques locales de sécurité intérieure*, l'Harmattan, 2015, coll. « GRALE », p. 225.

2. Des incertitudes financières concernant les conventions de délégation de compétences

Sans qu'elles soient très développées[13], des conventions de délégation de compétences existent entre l'État et les acteurs locaux. Ces conventions ne sont pas qualifiées de contrats par les diverses législations les encadrant[14]. Plus spécifiquement, cette forme de « conventionnalisation » nous interpelle sur les incertitudes financières qu'elle comporte pour les acteurs locaux. Ce caractère incertain témoigne du déséquilibre financier au profit de l'État.

Ainsi, en centrant l'analyse sur les conventions de délégation de compétences, on s'aperçoit que les incertitudes sont accrues. Cet accroissement s'inscrit dans une perspective de l'accentuation des rapports conventionnels entre l'État et les autorités infraétatiques – qu'ils s'agissent des collectivités territoriales ou des établissements publics de coopération intercommunale. En effet, la possibilité de conventions de délégation de compétences est renforcée par la loi MAPTAM de janvier 2014[15]. Car, en dehors des cas déjà prévus par la législation, la généralisation de la possibilité de délégation à l'initiative des collectivités est posée. Cependant, elle est encadrée et limitée aux compétences non régaliennes. Le décret du 17 juin 2015, dont l'objet est ces conventions, apporte quelques éléments à ce propos[16]. Il évoque le cadre financier dans lequel elles sont exécutées et de possibles moyens et services mis à disposition de la

13. Ce constat d'un faible développement a été souligné récemment. Voir B. ACAR et P. REIX, *Délégation de compétences et conférence territoriale d'action publique, de nouveaux outils au service de la coopération territoriale*, 8 septembre 2017, spéc., p. 5.

14. Voir L. 1111-8-1 du CGCT.

15. H. PAULIAT, « Convention de délégation de compétences entre État et collectivités territoriales : un dispositif précisé », *La Semaine Juridique Administrations et Collectivités territoriales* 29 juin 2015, n° 26.

16. Décret n° 2015-687 du 17 juin 2015 relatif à la convention de délégation de compétences entre l'État et les collectivités territoriales prévue par l'article L. 1111-8-1 du Code général des collectivités territoriales, *JORF* 19 juin 2015, n° 140, p. 10105.

collectivité ou de l'EPCI, par l'État, tout en précisant des objectifs à atteindre. Certes, ces conventions ne peuvent excéder six mois, mais on peut s'interroger sur leur poids financier pour les collectivités. Ces incertitudes financières sont favorisées par le contexte selon lequel l'État est à la recherche d'économies.

D'une manière plus détaillée, il faut souligner qu'historiquement, l'État avait déjà délégué – contractuellement – aux collectivités territoriales et aux EPCI des compétences. On peut noter les aides financières en matière de logement, plus communément appelées aides à la pierre. Il en est de même plus récemment de la possibilité pour les régions de se voir déléguer la compétence de l'État, en matière de coordination des services publics de l'emploi, permise par la loi NOTRe[17]. Certaines régions ont demandé cette délégation, mais s'en est suivie une certaine fronde de ces dernières. En effet, elles se plaignaient du défaut de concertation concernant les modalités dans lesquelles ces conventions devaient être passées. Plus généralement, derrière cette volonté de délégation[18], on peut s'interroger sur le fait de savoir, dans quelle mesure, il s'accompagne d'un transfert financier. Là est toute la question, il est possible de faire un parallèle avec l'article 72-2 de la Constitution, et son obligation de compensation de transfert de compétences. La délégation est, en quelque sorte, un transfert temporaire de compétence accroissant donc temporairement les charges financières. Dans cette logique, il doit bien y avoir une compensation financière à destination des acteurs locaux. D'ici quelques années, il sera nécessaire de faire le bilan de l'utilisation de ces conventions pour constater ou non cette compensation. Cette dernière est cependant une obligation marquée par un certain flou normatif.

17. Voir les articles 6 et 7 de la loi NOTRe.

18. Cette délégation peut aussi concerner le domaine culturel, (voir l'article 2 de la loi MAPTAM).

Ces procédures de délégation sont donc sources d'incertitudes financières pour les collectivités, car elles sont ambivalentes. Elles peuvent être interprétées comme une poursuite par le biais de la convention du mouvement de décentralisation ou comme un simple désengagement de l'État, ce désengagement étant aussi économique.

B. Un déséquilibre accentué par le développement de la contractualisation financière

La contractualisation de l'action publique locale peut entretenir des liens avec d'autres procédés contractuels. Ces derniers sont la contractualisation ayant un objet financier ou partiellement financier. Cette contractualisation est caractérisée par son but qui est de conférer ou de limiter les crédits des acteurs locaux. Ainsi, d'une part, il faut noter la diversification de la contractualisation sous l'impulsion de la logique financière (1). D'autre part, cette diversification de l'action contractuelle est source de renforcement du déséquilibre financier (2).

1. La diversification de la contractualisation sous l'impulsion de la logique financière

Le développement global de la contractualisation dépasse et entretient des liens divers avec celle sur l'action publique locale. Ainsi, on remarque l'existence d'une forme de contractualisation qui a un objet pleinement financier ou qui a un objet fortement lié à la question financière. Cette contractualisation est à intégrer à notre étude. Toutefois, en principe, elle est à différencier de la contractualisation publique locale; même si parfois, une confusion peut exister entre les différents types de contrats. On peut réellement percevoir ce développement de la logique financière dès la fin des années 2000.

Dans cette perspective de diversification de la contractualisation, en dépassant le pacte de stabilité financière qui a été introduit en 1996, la loi de finances pour 2008 a institué le contrat de stabilité[19].

19. M. BOUVIER, *Les finances locales*, Paris, LGDJ, 2015, p. 179-186.

Ce dernier correspond à un processus d'encadrement des dépenses des collectivités ; il est marqué par une certaine unilatéralité étatique. Il en résulte que la terminologie contrat se révèle inadaptée pour qualifier ce procédé qui a pour but une maîtrise partagée avec l'État des finances publiques. En tout cas, cette volonté d'encadrer les dépenses des collectivités est aussi marquée par une nouvelle utilisation de la notion de pacte[20], comme en témoigne la loi de programmation de finances 2012-2017. Cette notion s'inscrit dans la logique d'une contractualisation ayant un objet financier limitant la marge de manœuvre financière des collectivités. Avant de voir les liens entre ce développement et l'action publique locale, il faut préciser que cette diversification tend à être accentuée par les projets du gouvernement actuel. Ces derniers ont pour objectif d'utiliser le contrat comme outil de maîtrise des finances publiques.

Dès 2014, l'accentuation de la contractualisation à l'objet financier semblait possible. Le rapport Lambert-Malvy allait dans ce sens, son titre en témoignait : *Pour un redressement des finances publiques fondé sur la confiance mutuelle et l'engagement de chacun*[21]. Plus de trois ans plus tard, le gouvernent actuel s'oriente dans une voie qui perd en multilatéralité, et cela, en dépassant la logique du contrat d'objectifs et de moyens qui peut exister entre certaines collectivités et l'État[22]. Il s'engage dans le franchissement d'un nouveau stade dans la recherche d'efficience de l'action publique par le biais d'une contractualisation financière revisitée. Ainsi, il prévoit de cibler autour de 300 collectivités qui représentent plus de 70 % de la dépense

20. On peut noter le pacte de confiance et de responsabilité conclu entre l'État et les collectivités.

21. M. MALVY et A. LAMBERT, *Pour un redressement des finances publiques fondé sur la confiance mutuelle et l'engagement de chacun*, 14-048/13-102/01.

22. Par exemple, le contrat d'objectifs et de moyens entre l'État, le rectorat et le conseil régional du Nord-Pas-de-Calais, relatif au développement de l'apprentissage, 2011-2015, *http://www.nordpasdecalais.fr/upload/docs/application/pdf/2012-07/contrat_objectif_moyens.pdf*.

locale[23], plus précisément 319[24]. Ces collectivités devraient adhérer à ces contrats dans lesquelles elles s'engageraient à faire des économies de fonctionnement. Ce projet du gouvernement interpelle sur l'autonomie des collectivités dans la signature de ce qui est qualifié pour l'heure de contrat financier[25]. Si cela se concrétise, d'une part, cela accroîtra le caractère variable des relations financières entre les acteurs locaux et l'État, en fonction du poids financier de ces acteurs, d'autre part, la discussion sur la justification de l'utilisation de la notion de contrat pourra être encore relancée.

Par ailleurs, il existe des cas singuliers déjà inscrits dans le droit positif dans lesquels la contractualisation publique a un objet en partie financier, mais en lien direct avec l'action publique locale, il s'agit de contrats de subventions. Cette situation est illustrée dans le cadre de l'exécution des contrats de ville[26]. En effet, l'article R. 2334-38 du CGCT[27] instaure une relation contractuelle entre le représentant

23. Discours du Président de la République aux préfets du 5 septembre 2017. Pour commentaire, C. MALLET, « Finances locales – Des contrats pour encadrer les dépenses des 300 plus grandes collectivités », *https://www.caissedesdepotsdesterritoires.fr/cs/ContentServer/?pagename=Territoires/Articles/Articles&cid=1250279673698&nl=1.*

24. Discours du Président de la République au 100e Congrès des maires de France, du 24 novembre 2017.

25. *Ibid.*

26. Voir l'article L. 2334-40 du CGCT.

27. R. 2334-38, paragraphe I : « Pour l'application du III de l'article L. 2334-40, le représentant de l'État dans le département conclut avec la commune ou l'établissement public de coopération intercommunale une convention qui précise l'objet et le montant des dépenses pouvant donner lieu à subvention, le taux de subvention qui leur est appliqué ainsi que le montant total des subventions accordées. Cette convention peut aussi prévoir le calendrier prévisionnel de réalisation des projets. Les crédits de la dotation politique de la ville sont attribués en vue de la réalisation de projets d'investissement ou de dépenses de fonctionnement correspondants aux objectifs fixés dans le contrat de ville ».

de l'État et certains acteurs locaux concernant le versement de subventions, en application du contrat de ville. C'est bien le préfet dans une logique d'unilatéralité qui détermine leur montant.

Force est de constater qu'au-delà de cet exemple, et de l'avenir précis du projet du gouvernement pour encadrer l'action des plus grandes collectivités, cette diversification de la contractualisation existe ; ce qui nous interroge sur son impact sur l'action publique locale et ses conséquences financières.

2. Une diversification de la contractualisation facteur d'accentuation du déséquilibre financier

La contractualisation en matière d'action publique locale avait déjà contribué indirectement à transférer des charges étatiques aux collectivités territoriales, comme en témoigne l'évolution des contrats de plan État-Région. Or, une nouvelle étape dans le déséquilibre financier peut être soulignée.

D'une manière spécifique, si l'on s'arrête sur le cas des contrats de subventions dans le cadre de l'exécution des contrats de ville, il y a incontestablement un déséquilibre contractuel, que cela soit dans la négociation du contrat ou dans le cadre de son exécution. Comment peut-on penser qu'une commune soit en situation de négocier les subventions avec le représentant de l'État ? Ainsi, on pourrait s'interroger sur la réelle différence entre ces conventions et un acte unilatéral, tel que l'est un arrêté préfectoral. La doctrine estime même que ce procédé contractuel rompt avec un raisonnement fondé sur la logique de « l'enveloppe globale », mais instaure une logique, fondée sur la réalisation de missions spécifiques dont l'évaluation par l'État donnera lieu ou non au versement de subventions[28].

28. B. HUGLO, *La contractualisation des relations entre l'État et les collectivités territoriales*, thèse version électronique, spéc. p. 327.

D'une manière plus générale, sans aller jusqu'à parler de substitution de la contractualisation financière à celle de l'action publique locale[29], on voit clairement émerger l'idée suivante : la contractualisation publique locale est *in fine* limitée par celle financière. Le projet du gouvernement actuel va dans ce sens : plus on encadre indirectement le budget des collectivités, et plus leur participation financière à l'action publique locale est limitée. Dans cette perspective de recentralisation par le biais financier, les acteurs locaux ont moins de marge de manœuvre économique pour contractualiser, en raison de l'encadrement contractuel financier qui se développe. Par cet encadrement, ainsi, par exemple, d'une part, on peut penser que l'enveloppe financière allouée par les collectivités aux contrats de plan État-Région stagne dans les années à venir ; ce qui ne favorisera pas clairement le rééquilibrage des relations financières entre l'État et les régions, dans le cadre contractuel. D'autre part, la contractualisation financière est aussi une limite au développement des contrats de délégation, par la réduction des marges financières qu'elle peut entraîner.

Il faut en conclure qu'au-delà de ce déséquilibre financier qui est accentué, c'est une limitation de la contractualisation de l'action publique locale qui tend à être posée, et cela surtout, si l'on raisonne en intégrant la contractualisation publique entre acteurs locaux.

II. La contractualisation entre acteurs locaux caractérisée par la complémentarité financière

La contractualisation publique locale entre les acteurs décentralisés est marquée par son développement et cela dans une perspective de complémentarité financière (A). Cependant, des interrogations peuvent être soulevées concernant certaines limites à cette complémentarité (B).

29. Dans ce raisonnement, la contractualisation publique locale est envisagée uniquement entre l'État et les acteurs locaux décentralisés.

A. Le développement des conventions à l'échelle locale dans une logique de complémentarité

Dans la logique initiée par l'État de rationaliser son action et celle des collectivités territoriales, le procédé contractuel est utilisé. Ainsi, la puissance étatique incite à la complémentarité financière entre les acteurs locaux, en témoignent les conventions de délégation de compétences (1). Cette complémentarité à l'échelle des relations entre acteurs locaux décentralisés s'exprime d'une manière partiellement imposée par les dernières réformes territoriales de l'État ; les différentes conventions d'exercice concerté des compétences en attestent (2).

1. L'incitation à la complémentarité : l'exemple des conventions de délégation de compétences

S'agissant des conventions de délégation de compétences, la loi du 16 décembre 2010 sur la réforme des collectivités territoriales, en instituant l'article L. 1111-8, avait instauré la possibilité pour les collectivités territoriales de déléguer à une autre collectivité[30] ou à un EPCI à fiscalité propre une de ses compétences, à partir du 1er janvier 2015. C'est par une convention que cette délégation s'opère. S'agissant de ces conventions, on peut noter trois points. Tout d'abord, elles fixent la durée de la délégation, ensuite, elles définissent les objectifs à atteindre et enfin, les modalités de contrôle de l'autorité délégante sur l'autorité délégataire. Ce procédé conventionnel de délégation a été précisé, en vertu du décret d'application du 7 mai 2012[31]. Il s'effectue dans tout type de compétence. Il accompagne la nouvelle répartition des compétences qui est marquée par la suppression récente de la clause de compétence générale aux départements et aux régions.

---

30. Il faut noter que la délégation doit s'opérer à une collectivité appartenant à une autre catégorie.

31. Voir le décret n° 2012-716 du 7 mai 2012 pris pour l'application des articles L. 1111-8 et L. 1111-10 du CGCT, *JORF*, n° 108, p. 8563.

À la lecture de ce décret, il faut apporter une précision sur ces délégations, en lien avec la problématique financière. En effet, son article 1er souligne que la convention détermine le cadre financier dans lequel s'exercent la délégation et les services éventuellement mis à la disposition de l'autorité l'assurant, moyens humains compris. Ce sont donc les acteurs locaux qui déterminent les sommes et moyens nécessaires qui accompagnent la délégation. Il doit forcément y avoir une discussion qui s'engage à ce propos entre le délégataire et le délégant. Rien ne peut indiquer que cette discussion soit marquée par une négociation déséquilibrée. Toutefois, il ne faut pas écarter le poids possible de la région dans cette négociation. Mais, c'est bien une perspective de complémentarité financière entre les acteurs qui est source d'un équilibre financier manifeste entre eux.

Cependant, au nom d'une logique de rationalisation de l'action publique locale, c'est l'acteur local le mieux placé qui devrait assurer l'exercice de la compétence et cela possiblement par le biais d'une délégation. Dans cette perspective, cette délégation peut aussi soulager une collectivité qui n'aurait plus les moyens financiers pour assurer correctement l'exercice de cette compétence. Cette situation semble assez probable dans le cadre de l'exercice d'une compétence partagée. Cependant, rien n'empêche qu'une compétence exclusive soit déléguée. Dans une approche différente, toujours par le biais du procédé contractuel, cette complémentarité peut être partiellement imposée.

2. Une complémentarité partiellement imposée : les conventions territoriales d'exercice concerté d'une compétence

La loi MAPTAM a imposé une rationalisation de l'action publique locale, en lien avec le procédé contractuel; les articles L. 1111-9 et 111-9-1 du CGCT en témoignent[32]. En effet, en vertu de ces dis-

32. À ce propos, certains contributeurs ont évoqué la complexité de ces conventions : voir dans ce sens, la communication de S. AUBEL, « La complexité de la conclusion des conventions territoriales d'exercice concerté d'une compétence », p. 191.

positions, les collectivités entre elles ou avec des EPCI doivent ou peuvent passer des conventions territoriales d'exercice concerté de certaines de leurs compétences. Il faut souligner la distinction entre l'emploi des verbes devoir et pouvoir, c'est-à-dire entre « doivent » et « peuvent ». Cette césure sera à l'origine de la précision selon laquelle cette contractualisation marquée par la complémentarité financière est partiellement imposée par la loi et donc en réalité par l'État. En effet, à la lecture de l'article L. 1111-9-1, la région et le département sont obligés de passer ces conventions. Cette obligation ne concerne pas les communes et les EPCI.

Ainsi, une région ou un département en qualité de chef de file est chargé d'organiser les modalités de l'action commune dans le cadre de leurs exercices concertés des compétences. Ces conventions ont une durée maximale de six ans. Elles sont révisables au bout de trois ans, et cela dans un but d'action commune. S'agissant des domaines dans lesquels la région exerce son « chef de filat » dans le cadre de ces conventions d'exercice, on peut souligner le développement économique, les problématiques environnementales, l'enseignement supérieur et la recherche. S'agissant du département, on peut principalement souligner l'action sociale. Notons que les projets de convention sont examinés dans le cadre d'une conférence territoriale de l'action publique locale. Cette conférence peut produire des observations qui sont transmises au représentant de l'État.

Il est nécessaire d'apporter quelques remarques à propos de la portée financière. D'une manière générale, il faut noter que cette contractualisation permet un partage financier de l'exercice des compétences entre les acteurs ; une complémentarité financière est bien en œuvre. Cependant, il s'agit d'une contractualisation parfois imposée par l'État. Une nouvelle fois, on peut s'interroger sur l'utilisation de la notion de contrat. Or, ces conventions, imposées ou non, peuvent devenir progressivement l'un des nouveaux centres de la contractualisation publique locale, entre acteurs locaux. Elles constituent des outils positifs pour rationaliser l'action publique locale et dégager des complémentarités financières entre les acteurs locaux. Il est aussi à noter que, dans le cadre de la conférence territoriale, la question financière des actions menées est débattue d'une manière annuelle.

Mais leur intérêt sur le plan financier est aussi existant sur des points précis. En effet, toujours dans un esprit de mutualisation des moyens, ces conventions introduisent de la souplesse s'agissant des règles financières. Car, d'une part, elles permettent de déroger au principe selon lequel, dans le cas d'une maîtrise d'ouvrage, le maître d'ouvrage d'une opération entrant dans le champ d'un domaine de compétences à chef de file doit assurer le financement d'au moins 30 % du montant total des financements publics qui lui sont accordés[33]. D'autre part, toujours en vertu de l'article L. 1111-9, elles permettent de déroger au principe de l'impossibilité de cumuler des subventions pour les projets relevant de compétences à chef de file – s'ajoutant à l'exception déjà prévue pour les contrats de plan.

Il faut en conclure que ces conventions d'exercice concerté des compétences sont des illustrations à la fois de la rationalisation de l'action publique locale et de la nécessaire complémentarité financière inter acteurs locaux. L'époque n'est donc plus à la décentralisation, mais à des rapports horizontaux dans lesquelles ces compétences s'exercent de concert. Cependant, cette horizontalité, source de complémentarité financière locale, ne doit pas être idéalisée.

B. Des interrogations sur les limites à la complémentarité financière conventionnelle

La complémentarité financière dans le cadre de la contractualisation publique locale entre acteurs locaux est à nuancer, car des interrogations existent sur le phénomène contractuel. D'une manière assez spécifique, illustrant le rôle prépondérant de la région, des interrogations sont posées dans le cadre des schémas régionaux et de leurs exécutions (1). D'une manière générale, la complémentarité

33. L. 1111-9 du CGCT.

financière entre acteurs locaux est à relativiser, à partir du moment où ces acteurs ont une marge de manœuvre économique de plus en plus restreinte (2).

1. Des interrogations sur l'équilibre financier dans le cadre des schémas régionaux et de leur exécution

Différents schémas régionaux existent. D'une part, il faut noter l'existence des schémas régionaux de développement économique. Dans le cadre de leur élaboration, malgré une concertation avec les acteurs locaux concernés – que sont les EPCI à fiscalité propre –, il ne s'agit pas de contrat. Cependant, le contrat est bien utilisé pour associer les différents acteurs locaux à la traduction de ce développement sous l'impulsion régionale. En effet, cette contractualisation facultative est utilisée dans le cadre de la mise en œuvre de ces schémas régionaux. Elle va s'opérer entre les régions et les intercommunalités. Ces conventions sont qualifiées parfois de pactes ou de contrats[34] au gré des différentes contractualisations entre les régions et les EPCI. Elles permettent donc le soutien régional à des projets locaux et confirment le développement de la contractualisation publique locale, et cela sans la présence étatique. On remarque que ces conventions en matière de développement économique se traduisent par des investissements qui participent aussi à l'aménagement du territoire[35].

En lien avec la question financière, il faut bien comprendre que tout d'abord les départements, en raison de leur champ de compétences, sont exclus de ces schémas et de ces conventions de mise en œuvre. Par conséquent, ils ne participent pas à une potentielle complémentarité financière entre les acteurs locaux, complémentarité sous-tendant et permettant l'action publique locale. Ensuite, c'est la région qui a un rôle crucial dans la rédaction des conventions d'exécution étant

34. On peut noter, d'une part, pour la région Île-de-France les « pactes pluriannuels pour la croissance, l'innovation et l'emploi », d'autre part, pour la région Auvergne Rhône-Alpes les « contrats ambition région ».
35. Par exemple, dans le cadre des « contrats ambition région », on remarque divers exemples de restauration du patrimoine ou de rénovation de base nautique.

donné que cette collectivité est à l'origine du schéma à exécuter. Par conséquent, on peut donc s'interroger sur l'existence d'un équilibre contractuel et financier entre la région et les EPCI à fiscalité propre. Ces derniers sont des acteurs locaux qui s'inscrivent dans une logique financière d'appoint de la région.

De plus, le schéma régional est prescriptif, ce qui signifie que l'action traduisant la compétence économique des autres acteurs locaux doit le respecter, et donc respecter aussi ces conventions de mise en œuvre des schémas régionaux. Cependant, comme le souligne un contributeur au présent colloque, la situation est pour l'heure assez incertaine, s'agissant de ces conventions d'exécution[36], d'où nos interrogations. Mais, quoi qu'on en dise, la région est bien l'acteur local dominant en matière de développement économique. Il en est de même dans multiples domaines de l'action locale. Néanmoins, son rôle central est bien nécessaire pour le développement des territoires.

D'autre part, les schémas régionaux d'aménagement, de développement durable et d'égalité des territoires[37] sont élaborés par la région en association avec les autres acteurs locaux. Mais, il ne s'agit pas de convention. De plus, il n'existe pas de convention de mise en œuvre de ces schémas. Cependant, il faut noter que tous les acteurs locaux doivent les respecter et s'inscrire dans son cadre. Par conséquent, d'une certaine manière – certes non pas contractuelle – ces schémas peuvent avoir un impact financier sur les autres acteurs locaux. Ces derniers ne bénéficient pas des avantages financiers que la contractualisation peut permettre ; ce procédé faisant participer économiquement la région aux projets locaux.

36. Dans ce sens la communication présentée par O. DUPÉRON, « L'atypisme de la contractualisation en matière de développement économique local », p. 173 de cet ouvrage.
37. À propos de ces schémas, voir l'article R. 4251-1 du CGCT.

2. Des interrogations générales liées aux craintes d'une recentralisation par le biais financier

Pour qu'il existe une complémentarité financière entre acteurs locaux, il faut que ces acteurs aient des possibilités financières réelles de s'engager dans la contractualisation horizontale. Force est de constater que cette possibilité a été mise à mal et reste incertaine, ce qui peut même contribuer à s'interroger sur l'organisation décentralisée de l'État unitaire français.

S'agissant de ces restrictions et de ces incertitudes, ces dernières années on peut noter une baisse constante des dotations aux collectivités[38]. Malgré une volonté gouvernementale récente de stabiliser les dotations, des incertitudes financières existent toujours pour les collectivités – comme le peut l'être, la suppression de la taxe d'habitation concernant les communes. En raison de ce contexte, depuis une dizaine d'années, on peut donc bien douter des capacités financières que possèdent les collectivités et les EPCI pour investir dans leurs territoires. Par conséquent, il s'agit là d'une limitation de la contractualisation publique locale entre les différents acteurs décentralisés. Il en résulte que la complémentarité financière entre acteurs locaux est limitée par ce contexte de maîtrise imposée des finances locales. Il faut donc la relativiser, et cela en l'absence de certitude sur la capacité suffisante des acteurs locaux pour contracter entre eux.

Plus généralement, le risque d'une recentralisation par le biais financier existe, qu'elle soit favorisée, d'une part, par la baisse ou la stagnation des dotations dans un contexte d'augmentation des dépenses, et d'autre part, d'une manière secondaire, par les contrats à l'objet financier[39]. Ainsi, cette recentralisation, qui signifierait

38. Voir par exemple, F. ECALLE, « Les Commentaires de l'actualité », *FIPECO* 13 mai 2016.

39. La contractualisation possédant un objet financier n'a pas pour objet l'action publique locale, mais en réalité son encadrement, voir aussi dans cette perspective, I. B, p. 215 de cet ouvrage.

un mouvement de perte d'autonomie des collectivités territoriales, accompagnerait le ralentissement du développement de la contractualisation publique locale. Une éventuelle refonte de la fiscalité locale peut néanmoins venir atténuer ce risque.

Cette limite au développement de la contractualisation entre acteurs locaux, et à la complémentarité financière qui la caractérise, permet de faire un constat : les rapports et tensions financiers caractérisant la contractualisation publique locale participent bien aux rapports entre les acteurs publics et à la lancinante question de l'état d'avancement de l'organisation décentralisée de l'État. Incontestablement, le processus de recentralisation par le biais financier, s'il s'affirmait pleinement serait un processus *contra* historique, lorsque l'on connaît l'évolution de la structure étatique française, engagée par le mouvement de décentralisation en 1982. Or, la contractualisation à la lumière de la problématique financière ne permet pas, aujourd'hui, de révéler clairement cette évolution qui serait critiquable. Cependant, elle tend à mettre en lumière des incertitudes qui sont structurelles à l'action publique et à l'organisation de l'État français.

CONCLUSION

par

Roselyne ALLEMAND

Professeur de droit public
Université de Reims Champagne-Ardenne, CRDT (EA 3312)

Les interventions ont été riches et diversifiées, elles ont mis en évidence le lien entre la contractualisation de l'action publique locale et la décentralisation.

Toutes les communications ont souligné que la contractualisation n'est pas récente, mais que son développement n'a cessé de croître avec la décentralisation. La relation entre les deux phénomènes est indéniable ; la décentralisation en allégeant la tutelle, en multipliant les pouvoirs de décision et l'enchevêtrement des compétences, favorise le recours au contrat. On se souvient que la disparition de la clause générale de compétence pour les départements et les régions devaient mettre fin à cet enchevêtrement. II n'en est rien et avec la loi MATPAM de 2014 et la loi NOTRe de 2015, on assiste à un renforcement de la contractualisation.

Dès les années 1980, l'État a recours à des contrats ciblés, en particulier pour la mise en œuvre des transferts de compétences et de personnels et à des contrats plus généraux comme les contrats de plan État-Région (CPER). Aujourd'hui, peu de domaines y échappent, nous en avons eu quelques illustrations, avec la coopération décentralisée (P. Tifine), le développement économique local (O. Dupéron) ou encore l'exercice concerté d'une compétence (S. Aubel).

J'organiserai la synthèse des travaux autour de trois observations qui découlent de cette journée. Tout d'abord, le recours à la contractualisation permet de nouvelles formes de relation entre l'État et les collectivités territoriales et ces dernières entre elles. Ensuite, le recours à la contractualisation répond au souci d'une plus grande efficacité de l'action publique locale. Et enfin, les contrats d'action publique locale, nonobstant leur diversité, présentent des caractéristiques communes.

I. Le développement de la contractualisation marque le passage d'une relation « autoritaire » fondée sur des procédés unilatéraux à une relation « partenariale »

La politique de contractualisation peut être appréhendée comme la naissance d'une co-construction de l'action publique par l'État et les collectivités territoriales, mais aussi entre les collectivités elles-mêmes.

La contractualisation consiste à utiliser une procédure consensuelle conforme aux principes de la décentralisation ; principe de libre administration, de liberté contractuelle, de subsidiarité ou encore d'égalité. Mais les parties ne sont pas pour autant placées dans une situation comparable.

En particulier, il existe une forte asymétrie dans les relations État/collectivités territoriales (D. Degboe). Et le risque d'un retour de la tutelle *a priori* et d'une recentralisation a bien été évoqué.

La contractualisation peut être un moyen d'orienter les politiques publiques locales par l'État. En Allemagne, parallèlement aux contrats de coopération entre acteurs publics locaux, l'État fédéral utilise ce procédé prévu par la Constitution fédérale pour déterminer et mettre en œuvre certaines priorités politiques, en s'efforçant de gagner l'adhésion des *Länder* puissants (J. Germain).

De manière différente, le déséquilibre entre les collectivités territoriales en fonction du poids politique, juridique et économique est aussi susceptible de remettre en question le principe de non-tutelle, sinon en droit, du moins dans les faits (R. Wakote, R. Mainnevret). Les régions et les métropoles ont les moyens d'orienter les politiques publiques des autres collectivités territoriales. Faut-il alors mieux encadrer la passation de contrats d'action publique locale afin de garantir la transparence et un meilleur équilibre entre les parties ? Mais le risque n'est-il pas de perdre en souplesse ?

Dans tous les cas, il est à noter que même si l'État et les régions ou métropoles peuvent être tentés d'utiliser ce procédé pour influencer leurs partenaires, ces derniers conservent une marge de manœuvre. Le recours au contrat reste apprécié par les collectivités, lorsqu'une relation de confiance est établie, dans la mesure où il permet une véritable coopération entre les personnes publiques dans l'intérêt général.

Bien sûr, comme il a été rappelé, le contrat n'a pas vocation à remplacer systématiquement l'acte unilatéral, mais il constitue un outil complémentaire intéressant susceptible de répondre au besoin d'efficacité de l'action publique locale.

II. Le recours au procédé contractuel répond à un besoin d'efficacité de l'action publique locale

Bien qu'il n'existe aucune étude globale sur l'efficacité de la contractualisation, le recours à cette dernière est perçu comme un procédé susceptible de répondre au besoin d'efficacité de l'action publique locale. En effet, le procédé présente des atouts qui ne sont pas toujours suffisamment développés (S. Pugeault).

Il a été mis en évidence que le recours au contrat souligne l'interdépendance des problèmes auxquels l'État et les élus locaux sont confrontés. Il permet de mettre en cohérence les priorités nationales et européennes avec les politiques locales. À ce titre, les politiques européennes renforcent le recours à la contractualisation, que ce soit dans le domaine des aides régionales, de la lutte contre le changement climatique ou encore du contrôle des dépenses publiques ; l'État a besoin du concours des collectivités territoriales pour répondre aux objectifs européens.

L'efficacité et la rationalisation reposent sur l'accord d'objectifs à atteindre et sur la mise en commun des moyens négociés et consentis par les parties. Le contrat permet aussi une adaptation de la norme à la situation locale, voire même une association des collectivités territoriales à l'élaboration de la norme dans le cadre de l'expérimentation. Les possibilités sont nombreuses et, quelle que soit la qualification de l'acte bilatéral ou multilatéral, ce qui compte pour les parties, ce sont les résultats.

Par ailleurs, les engagements financiers pluriannuels permettent de surmonter les limites d'un cadre budgétaire annuel. Ils offrent aux collectivités territoriales une plus grande visibilité financière à moyen terme.

La mise en place de comités de pilotage paritaires, quant à elle, permet d'assurer le suivi et l'évaluation. Cela participe à l'efficacité et permet, le cas échéant, de régler les conflits entre les parties. La contractualisation participe à l'efficacité de l'action publique locale, car elle permet de coordonner les actions des différentes personnes publiques, mais la situation n'est pas univoque.

Comme l'a montré Jean-Marie Pontier, l'absence d'un régime juridique unique, la multiplication des appellations, l'existence des règles complexes, l'articulation avec d'autres actes, la nature ambiguë entre affichages politiques et engagements précis ne fondent pas un système cohérent et lisible, ce qui peut nuire à l'efficacité du procédé contractuel.

La frontière entre le procédé contractuel et l'acte unilatéral n'est pas étanche. Le contrat d'adhésion est proche de l'acte unilatéral, ce dernier se rapproche du contrat lorsqu'il est précédé d'une large concertation, c'est le cas du schéma régional de développement économique, d'internalisation et d'innovation et du schéma régional d'aménagement, du développement durable et d'égalité des territoires (O. Dupéron).

Par ailleurs, l'effectivité n'est pas toujours réalisée. En cas de non-respect des engagements, les parties ne vont pas devant le juge. Les règlements à l'amiable sont toujours préférés. Les tiers peuvent saisir le juge pour réclamer l'exécution des engagements, en tant que contribuables ou usagers du service public, mais les cas sont rares.

Ainsi, certaines inexécutions ne sont jamais sanctionnées. Là aussi, on retrouve l'inégalité des parties puisque dans les faits les inexécutions des collectivités sont plus facilement sanctionnables par l'abandon des engagements financiers de l'État.

III. Les contrats d'action publique locale présentent des caractéristiques communes

Les contrats d'action publique locale ne constituent pas une catégorie juridique spécifique. Le recours à la contractualisation est avant tout un procédé, et la qualification juridique fait débat. Nous pouvons toutefois considérer que ce sont des contrats administratifs lorsqu'ils comportent des obligations réciproques dont l'inexécution est susceptible de faire l'objet d'un recours. Ce ne sont pas des contrats administratifs lorsqu'ils ne comportent que des orientations, des directives et non des obligations, lesquelles sont, par définition, impératives.

Cette première distinction devrait clairement apparaître dans les appellations, ce qui n'est pas le cas actuellement et constitue une source de confusion.

Dans le premier cas de figure, l'appellation contrat d'action publique locale est adéquate, pour le deuxième cas, il faudrait employer le terme de convention-cadre d'action publique locale.

La nature spécifique des contrats d'action publique locale tient à l'aspect organique; il s'agit de contrats entre personnes publiques et du point de vue matériel, ils ont pour objet une coopération entre l'État et les collectivités territoriales, mais aussi entre ces dernières et s'inscrivent dans le cadre de la décentralisation territoriale. Ils se distinguent des contrats administratifs classiques qui ont pour objet une prestation. Il en découle certaines conséquences.

En particulier, l'État est seul compétent pour fixer le cadre de la contractualisation. Le législateur peut même obliger à contractualiser, c'est notamment le cas des contrats de plan État-Régions. L'État conserve la maîtrise de l'initiative contractuelle, les collectivités peuvent simplement lui proposer de mettre en place un processus contractuel. L'État à la charge des intérêts nationaux et assure le contrôle administratif des contrats. L'asymétrie entre l'État et les collectivités territoriales est liée à la différence de statut constitutionnel, elle caractérise les contrats d'action publique locale. Il ne peut pas en être autrement dans un État unitaire décentralisé.

Ce qui ne dispense pas l'État, dans le respect des principes constitutionnels, de prendre en compte les préoccupations et les intérêts propres à chaque collectivité partenaire, à condition qu'ils ne soient pas contraires à l'intérêt national. Quoi qu'il en soit, le recours au contrat, même obligatoire, laisse toujours une marge d'autonomie aux collectivités. Ceci nous amène à terminer en répondant à la question posée : les collectivités territoriales sont-elles libres ou sous contraintes ?

Au regard de ce qui a été dit, l'on peut conclure qu'elles ne sont pas totalement libres puisque le cadre est fixé par l'État et qu'elles n'ont pas toujours le choix du cocontractant. Elles ne sont pas non plus totalement sous contrainte puisque personne ne peut les obliger à signer un contrat. Ceci découle du principe de liberté contractuelle reconnu par le Conseil constitutionnel. Toutefois, le législateur peut limiter cette liberté pour des raisons d'intérêt général suffisantes (voir DC n° 90-274 du 29 mai 1990 et DC n° 2006-543 du 30 novembre 2006).

Finalement, le recours à la contractualisation se justifie par la recherche d'un équilibre entre la liberté, c'est-à-dire un certain degré d'autonomie des collectivités territoriales, et la contrainte qui consiste à coopérer en trouvant un accord dans l'intérêt collectif.

Table des matières

Partie I

FONDEMENTS ET OBJECTIFS DU RENFORCEMENT DE LA CONTRACTUALISATION PUBLIQUE

Partie II

LES RAPPORTS CONTRACTUELS COMPLEXES ENTRE LES DIFFÉRENTS ACTEURS PUBLICS

Partie III

CONTRACTUALISATION EXTÉRIEURE DES COLLECTIVITÉS TERRITORIALES ET ASPECTS COMPARATIFS

Partie IV

ASPECTS MATÉRIELS DE LA CONTRACTUALISATION PUBLIQUE LOCALE

Questions juridiques
aux éditions L'Harmattan

Dernières parutions

QU'EST-CE QUE LE DROIT ?
Théorie syncrétique et échelle de juridicité
Barraud Boris
La définition du droit ici est d'abord lexicographique et scientifique. La théorie syncrétique réunit toutes les définitions du droit en vigueur, loin d'être concurrentes elles s'associent. Ne s'opposant plus, elles se complètent. La seconde partie interroge les dimensions du droit en mesurant le niveau de force juridique par l'application des critères de juridicité. Cette nouvelle forme de rationalité de la pensée juridique permet au juriste de s'ouvrir à tout type de normes sociales tout en sauvegardant l'autonomie conceptuelle du droit.
(Coll. Le Droit aujourd'hui, 25.50 euros, 242 p.)
ISBN : 978-2-343-13423-9, ISBN EBOOK : 978-2-14-005340-5

LA RECHERCHE DE L'ÉQUILIBRE CONTRACTUEL DANS LE CAUTIONNEMENT
Regards croisés entre le droit français et le droit OHADA
Dibangue Guy - Préface de Pascal Rubellin
Le cautionnement est actuellement la sûreté qu'exigent de préférence les banques des emprunteurs. Si le législateur français semble surprotéger la caution par rapport au créancier, c'est l'inverse qui a été retenu par le législateur OHADA. Dans les deux cas, c'est le déséquilibre entre la protection raisonnable de la caution et la préservation des intérêts des créanciers. Suivant les récentes évolutions législatives en France et en droit OHADA, cette thèse vise l'équilibre contractuel du cautionnement dans une démarche de modernisation et de rationalisation de cette sûreté.
(Coll. Droit aujourd'hui, 42.00 euros, 456 p.)
ISBN : 978-2-343-13159-7, ISBN EBOOK : 978-2-14-005369-6

LE DROIT ANIMAL
Morales Frénoy Cathy
Plus qu'un droit protecteur, le droit animal réglemente les différentes utilisations de l'animal par l'Homme. Il est un corpus juridique transversal, issu du droit international, européen et national, qui régit les rapports entre l'homme et l'animal sans toujours offrir une protection juridique souvent souhaitée. Ce guide juridique offre à tout lecteur une étude complète de cette nouvelle discipline.
(Coll. Bibliothèques de droit, 45.00 euros, 470 p.)
ISBN : 978-2-343-12873-3, ISBN EBOOK : 978-2-14-005223-1

QUESTIONS D'ACTUALITÉ EN ÉTHIQUE ANIMALE
Pelé Marie, Sueur Cédric
L'éthique animale qui désigne l'étude de notre responsabilité morale à l'égard des animaux, n'est pas une prise de position mais un questionnement en perpétuelle évolution avec notre culture et notre temps. Cet ouvrage présente plusieurs éléments de réponses aux récentes questions posées par la société sur notre rapport aux animaux. Experts et étudiants abordent onze questions d'actualité en éthique animale. Leurs échanges sont retranscrits.
(Coll. Le Droit aujourd'hui, 24.00 euros, 236 p.)
ISBN : 978-2-343-13489-5, ISBN EBOOK : 978-2-14-005382-5

JE PARLE AUX ANIMAUX
Peter Friedman
Samantha Khury écoute les animaux et leur parle. Grâce à ce dialogue, elle parvient à comprendre leur comportement et à trouver les mots qui les guérissent. Non seulement Samantha Khury comprend le langage de nos fidèles compagnons, mais, en plus, ceux-ci lui confient leurs malheurs. Des propriétaires d'animaux domestiques, des gardiens de zoo et des entraîneurs de chevaux qui l'ont consultée en sont convaincus. Nous la voyons au travail, à l'écoute d'un chat dépressif, d'un perroquet déplumé en manque d'amour ou d'une jument qui a besoin de liberté… « Dans cette Théma Arte sur les rapports entre les hommes et les animaux, *Je parle aux animaux* est le plus intéressant. Sans doute parce qu'il pose la question de la communication avec nos compagnons à quatre pattes. Peter Friedman livre des séquences étonnantes. » (*TéléObs*). « Ce documentaire étonnant parvient à nous convaincre que la frontière entre les espèces est bien mince. Quand on dit que l'homme n'est qu'un animal ! » (*Le Figaro*)
(20 euros)
ISBN : 978-2-336-31591-1

TRAITÉ DE DROIT CONSTITUTIONNEL CONGOLAIS
Esambo Kangashe Jean-Louis
Préface de El hadj Mbodji - Postface de Dodzi Kokoroko
Dans sa conception, son évolution et sa pratique, le droit constitutionnel a toujours eu du mal à s'affranchir de crises politiques. Droit de crises ou de gestion de crise, le droit constitutionnel est avant tout au service des normes, dont le respect par tous contribue au fonctionnement régulier des institutions. Placés dans le contexte congolais, les trois versants du droit constitutionnel, à savoir le droit normatif, celui institutionnel et la branche consacrée aux libertés n'ont pas toujours été en cohérence avec le constitutionnalisme.
(Coll. Études africaines, 39.00 euros, 410 p.)
ISBN : 978-2-343-12352-3, ISBN EBOOK : 978-2-14-005341-2

SUR LE CHEMIN DES SAISIES
L'huissier de justice d'hier à demain
Berthé Ibrahim
Qu'est-ce qu'un huissier de justice ? D'où vient-il ? À quoi sert-il ? Cet ouvrage tente de répondre à ces interrogations et, à travers l'histoire, de peindre les

différentes facettes de ce personnage spécifique du rouage de l'appareil judiciaire dans le temps et dans l'espace, des rives de la Seine en France jusqu'au bord du fleuve Djoliba au Mali.
(25.00 euros, 270 p.)
ISBN : 978-2-343-13501-4, ISBN EBOOK : 978-2-14-005261-3

LES TECHNIQUES D'ENQUÊTE CRIMINELLE
Typologie des crimes et constatations médico-légales
Moutassi Jean-Pierre
L'adoption de la loi de Juillet 2005 portant sur la procédure pénale démontre la volonté du gouvernement camerounais à promouvoir un état de droit. Voici un outil fondamental pour les praticiens du droit criminel : un outil de formation pour les jeunes fonctionnaires, ainsi que pour leurs aînés qui n'auraient pas eu l'occasion de vivre l'expérience des enquêtes judiciaires.
(Harmattan Cameroun, 45.00 euros, 498 p.)
ISBN : 978-2-343-13126-9, ISBN EBOOK : 978-2-14-005224-8

LES CLÉS DES ENJEUX FINANCIERS DU DIVORCE
Rond Patrice - Préface de Laurent Hincker
L'amour s'est consumé, l'argent part en fumée ! À une époque où toujours plus de couples se séparent, la finance du divorce inquiète. Comprendre ses arcanes financières, c'est pouvoir anticiper en cas de conflit au sein du couple. Comment rétablir un budget ou encore évaluer une prestation compensatoire ? À l'aide d'exemples chiffrés, l'auteur indique comment recenser et évaluer les revenus et patrimoines, et présente des méthodologies pratiques pour établir les droits respectifs des époux. L'ouvrage rend compréhensibles les procédures financières qui ont lieu dans le divorce.
(17.00 euros, 156 p.)
ISBN : 978-2-343-11633-4, ISBN EBOOK : 978-2-14-004942-2

LUTTER EFFICACEMENT CONTRE LA FRAUDE
Enjeux stratégiques et opérationnels
Sous la direction de Catherine Véret Jost et Nicolas Dufour
Lutter efficacement contre la fraude pour recycler 50 à 100 milliards d'euros par an dans la croissance économique en France, voici l'enjeu de cet ouvrage qui explicite les leviers d'actions pour y parvenir, avec des retours d'expériences de professionnels et d'académiques. Il s'adresse à tous ceux qui ont la volonté de relever ce défi.
(Coll. Perspectives organisationnelles, 38.50 euros, 392 p.)
ISBN : 978-2-343-13167-2, ISBN EBOOK : 978-2-14-005143-2

L'ENFANT EN PRISON
Sous la direction de Catherine Ménabé et Mathieu Martinelle
Depuis 1946, les femmes détenues ont la possibilité de garder à leurs côtés, en prison, leur enfant jusqu'à ses 18 mois, voire 2 ans. Si la situation est peu étudiée, et souvent méconnue, elle mérite de profondes réflexions. Quelles sont les conditions de vie de ces jeunes enfants au sein du milieu pénitentiaire ? Comment

est assuré leur développement psychomoteur et affectif malgré les contraintes carcérales ? Comment l'univers carcéral s'adapte à la présence d'enfants, non écroués mais, de fait, privés de liberté ?
(Coll. Bibliothèques de droit, 27.00 euros, 274 p.)
ISBN : 978-2-343-13051-4, ISBN EBOOK : 978-2-14-005015-2

LES TRENTE ANS DE LA LOI LITTORAL
Sous la direction de Jean-Luc Pissaloux et Anne Rainaud
La loi Littoral a maintenant plus de trente ans. Loi d'avant-garde, elle vise à concilier la protection du littoral avec le développement économique. Souvent contestée comme trop protectrice, empêchant l'urbanisation, elle est aussi considérée comme un « laisser-construire » dans les zones saturées. Ses concepts sont difficiles à interpréter et appliquer. Les défis climatiques auxquels est confronté le littoral ont impliqué la participation de géographes. La protection des cordons littoraux s'avère aujourd'hui une nécessité.
(Coll. Grale, 39.00 euros, 418 p.)
ISBN : 978-2-343-13140-5, ISBN EBOOK : 978-2-14-004988-0

CICÉRON, PÈRE DE LA CODIFICATION DU DROIT CIVIL
Gilardeau Eric
Confronté à la crise subie par la République, Cicéron cherchait une réponse au chaos des lois et aux contradictions du droit civil. Il en élabora une véritable codification. Du «De oratore» au «De officiis», il critiqua la science du droit et la soumit à la loi naturelle, avant d'instituer une méthode de codification protectrice des droits civils, dont se rapprocheront les codes civils français et autrichien. Il faut attendre les réformes du Code civil allemand de 2001 et du Code civil français de 2016 pour rejoindre Cicéron sur le rôle de la bonne foi et de l'imprévision en matière contractuelle.
(Coll. Logiques Juridiques, 26.00 euros, 248 p.)
ISBN : 978-2-343-13327-0, ISBN EBOOK : 978-2-14-004994-1

DROIT DES SOCIÉTÉS COMMERCIALES OHADA
Akam Akam André, Voudwe Bakreo
Ce livre vise à exposer, expliquer, systématiser et critiquer les règles qui régissent la constitution, le fonctionnement et la disparition des sociétés commerciales. Il montre que le droit des sociétés commerciales OHADA vise la promotion, la protection et la société judiciaire des investissements, autant qu'il tend à protéger les intérêts particuliers. En outre, il met en exergue la richesse, la variété et la modernité du droit des sociétés de l'OHADA, ainsi que l'abondance et la qualité des travaux de recherche des auteurs africains et d'ailleurs qui s'intéressent au droit OHADA.
(Coll. Dynamiques du droit OHADA, 55.00 euros, 752 p.)
ISBN : 978-2-343-12819-1, ISBN EBOOK : 978-2-14-005077-0

Structures éditoriales du groupe L'Harmattan

L'Harmattan Italie
Via degli Artisti, 15
10124 Torino
harmattan.italia@gmail.com

L'Harmattan Hongrie
Kossuth l. u. 14-16.
1053 Budapest
harmattan@harmattan.hu

L'Harmattan Sénégal
10 VDN en face Mermoz
BP 45034 Dakar-Fann
senharmattan@gmail.com

L'Harmattan Cameroun
TSINGA/FECAFOOT
BP 11486 Yaoundé
inkoukam@gmail.com

L'Harmattan Burkina Faso
Achille Somé – tengnule@hotmail.fr

L'Harmattan Guinée
Almamya, rue KA 028 OKB Agency
BP 3470 Conakry
harmattanguinee@yahoo.fr

L'Harmattan RDC
185, avenue Nyangwe
Commune de Lingwala – Kinshasa
matangilamusadila@yahoo.fr

L'Harmattan Congo
67, boulevard Denis-Sassou-N'Guesso
BP 2874 Brazzaville
harmattan.congo@yahoo.fr

L'Harmattan Mali
Sirakoro-Meguetana V31
Bamako
syllaka@yahoo.fr

L'Harmattan Togo
Djidjole – Lomé
Maison Amela
face EPP BATOME
ddamela@aol.com

L'Harmattan Côte d'Ivoire
Résidence Karl – Cité des Arts
Abidjan-Cocody
03 BP 1588 Abidjan
espace_harmattan.ci@hotmail.fr

L'Harmattan Algérie
22, rue Moulay-Mohamed
31000 Oran
info2@harmattan-algerie.com

L'Harmattan Maroc
5, rue Ferrane-Kouicha, Talaâ-Elkbira
Chrableyine, Fès-Médine
30000 Fès
harmattan.maroc@gmail.com

Nos librairies en France

Librairie internationale
16, rue des Écoles – 75005 Paris
librairie.internationale@harmattan.fr
01 40 46 79 11
www.librairieharmattan.com

Lib. sciences humaines & histoire
21, rue des Écoles – 75005 Paris
librairie.sh@harmattan.fr
01 46 34 13 71
www.librairieharmattansh.com

Librairie l'Espace Harmattan
21 bis, rue des Écoles – 75005 Paris
librairie.espace@harmattan.fr
01 43 29 49 42

Lib. Méditerranée & Moyen-Orient
7, rue des Carmes – 75005 Paris
librairie.mediterranee@harmattan.fr
01 43 29 71 15

Librairie Le Lucernaire
53, rue Notre-Dame-des-Champs – 75006 Paris
librairie@lucernaire.fr
01 42 22 67 13

www.ingramcontent.com/pod-product-compliance
Lightning Source LLC
LaVergne TN
LVHW011008061026
849535LV00006B/1766